대시세 종목의
비밀

대시세 종목의 비밀

초판 1쇄 발행 2009년 12월 15일
초판 7쇄 발행 2016년 11월 25일

지 은 이   이종형, 장진영
펴 낸 이   이형도
편   집   공순례
디 자 인   구름디자인
마 케 팅   신기탁

펴 낸 곳   (주)이레미디어
전   화   031-908-8516
팩   스   031-907-8515
주   소   경기도 고양시 일산동구 무궁화로 20-38 로데오탑 302호
홈페이지   www.iremedia.co.kr
카   페   http://cafe.naver.com/iremi
이 메 일   ireme@iremedia.co.kr
등   록   제396-2004-35호

ISBN 978-89-91998-34-6 03320

가격 16,500원

이레미디어에서는 참신한 원고를 모집합니다.
어떤 분야의 내용이든 보내주시면 정성껏 검토 후 선정된 원고에 대해서는 계약하겠습니다.

대시세 종목의 비밀

이종형 · 장진영 공저

이레미디어

0.1%에 이르는 관문, **대시세의 비밀**

주식시장은 전쟁터와 같다. 나를 빼고 믿을 만한 아군은 하나도 없다는 점에서 오히려 전쟁터보다 더 살벌한 곳이기도 하다. 한국거래소가 내놓은 자료에 따르면 2008년 기준으로 460만 명이 넘는 전사들이 이곳에서 싸우고 있다고 한다. 우리나라 전체 경제활동 인구의 19.8%에 이른다고 하니 다섯 명 중 한 명은 직접투자건 간접투자건 주식과 관련을 맺고 있다는 이야기가 된다. 공공기관에서 이런 통계까지 내주진 않지만 그중 95%가 실패하여 떠나고 그만큼이 늘 새롭게 채워지며, 나머지 5%만이 수익을 낸다는 것은 공공연한 사실이다.

이 책은 그 5%에 대해 이야기하고자 한다. 특히 그럭저럭 생색 낼 정도로만 수익이 나는 4.9%를 제외하고 인생 역전이라 말할 수준의 초고수익을 거두는 0.1%가 되기 위한 이야기다.

필자 역시 우연히 주식투자에 발을 들여놓은 초기에는 손실로 큰 어려움을 겪는 95% 중 한 명이었다. 노력에 노력을 거듭하여 재도전해도 수익이 나는 횟수는 늘었지만 손실 한 번으로 제자리로 돌아오기 일쑤였다. 부끄러운 고백이지만 이미 게임이 끝난 종목을 오기로 붙들고 있었기 때문이다.

하지만 나는 실패했다고 해서 이곳을 떠나는 패배자가 되기는 싫었다. 그 오기의 차원을 높여 실패의 원인을 찾는 데 집중했다. 나의 실패나 실수뿐만 아니라 시장의 패자들이 천편일률적으로 보여주는 매매방법들을 연구했다. 그런 후 방향을 바꿔 성공하는 투자자들의 방법을 분석하는 데 끈질기게 매달렸다. 그러한 과정들을 거치면서 조금씩 나는 변화했고 체계를 갖출 수 있었으며 이후 실제 매매에서도 확신을 가질 수 있는 기법을 정립했다.

그렇게 주식투자의 매력에 푹 빠져 있을 즈음 한국경제TV로부터 증권사관학교 운영을 제의받아, 내가 세운 주식투자 방법을 여러 수강생들과 공유하기 시작했다. 그 일은 십인십색의 투자자들과 함께 나의 기법들을 더욱 정교하게 다듬을 수 있는 기회가 되어주었다.

실제 매매를 하는 수강생 중 수익이 나는 사람은 계속 수익이 쌓여갔고, 한번 손실이 나면 손실이 쌓여가는 경향이 크다는 것을 발견했다. 바로 매매습관 때문에 발생하는 일이다. 그 습관을 바로잡는 것이 첫 번째 문제라면 두 번째 관건은 실전에 부합하는 투자 지식이 필요하다는 것이다.

주식투자를 하는 사람들 중 대다수가 '주식투자를 하기 위해서는 엄청난 지식이 필요할 것'이라고 생각하는 경향이 있다. 하지만 주식투자는 수익을 내려는 것이지 복잡한 이론을 습득하여 자격증을 따려는 것이 아니다. 투자를 하는 데는 크게 도움이 되지 않으면서 복잡하기만 한 이론이 있고, 투자에 성공하기 위해 반드시 알아야 할 핵심적인 사항들이 있다. 핵심을 확실하게 내 것으로 만들기만 한다면 누구라도 0.1%가 될 수 있다.

그 핵심이 바로 이 책에서 정리하는 "대시세의 비밀"이다.

지금도 주식시장에는 고통받는 많은 사람들이 있다. 대부분은 잘못된 투자방식과 핵심을 알지 못하는 데에 원인이 있다. 필자는 투자 실패로 고통받는 사람들을 보면서 그동안 공개를 꺼렸던 수익 나는 매매기법을 모두 밝히기로 결심하고 한 권의 책으로 묶는 작업에 들어갔다. 또한 누구나 이해할 수 있도록 쉽게 설명하고 기법들이 충분히 몸에 익을 만큼 반복적으로 학습할 수 있도록 최선을 다해 구성했다.

이 책에는 십 년 넘게 현장에서 직접 경험하여 터득한 기법들이 총망라되어 있다. 특히 그동안 매매하면서 수익을 가장 많이 낼 수 있었던 방법들에 대해 기초적인 부분부터 실전 대처까지 상세하게 다뤘다. 시중에 나와 있는 많은 이론서와는 다르게, 실제 주식투자를 하면서 어떤 종목을 선정해야 대시세가 나는가부터, 언제 매수하고 언제 매도해야 하는지 실례를 들어가며 설명하였으므로 이해와 응용이 빠를 것이다.

이 책은 총 3부 8장으로 구성되어 있다.

1장에서 3장까지는 대시세 종목을 발굴하기 위해서 알아야 할 기본사항들을 정리하였다. 대시세를 분출하는 종목들의 특징, 대시세는 어떻게 만들어지는가, 대시세를 내는 재료들을 찾는 방법 등을 설명하였다. 이 장을 읽고 나면 주식투자를 하면서 어느 항목을 꼭 살펴봐야 하며 어떻게 해석해야 하는지에 대해 알 수 있게 된다. 또한 그동안 주식투자를 하면서 무심히 지나쳤던 내용들의 가치를 알고 소중히 여기게 될 것이라 생각한다.

4장에서 6장까지는 시세 분출이 임박한 종목들을 찾아내는 방법을 제시하였다. 그동안 경험한 시세 분출 임박 종목들에 대한 특징과 기술적인 흐름을 상세한 예제와 함께 설명하였다.

마지막 7장, 8장은 "증권사관학교 소장의 대시세 종목 실전 매매"라는 제목으로 그야말로 필자의 실전 매매 경험을 최초로 공개하는 장들이다. 대시세 종목을 매수하고 싶다면 반드시 봐야 할 핵심을 담았다고 자부한다. 7장에서는 먼저 절대 어겨서는 안 되는 공략 원칙에 대해서 설명하였고, 8장에서는 필자가 종목을 발굴할 때 기준으로 삼는 판단원칙을 제시하며 유형과 재료별로 정리하였다. 1장부터 차근차근 살펴본 기본사항들과 발굴 기법이 실전에서 어떻게 구현되는지를 확인할 수 있다.

강한 자가 살아남는 것이 아니고 살아남는 자가 강한 자이다. 필자는 주식시장에서 기회는 모든 투자자에게 똑같이 주어진다고 생각한다. 그러나 그 기회를 모두가 붙잡을 수 있는 것은 아니다. 핵심을 알고 매매기법을 몸에 익힌 준비된 이들만이 대시세의 기회를 내 것으로 만들 수 있다. 이 책을 읽는 독자들이 대시세 종목의 비밀을 알게 되고, 그 비밀들을 주식시장에 적용하여 최후의 승자로 남게 되길 기원한다.

　끝으로 『대시세 종목의 비밀』이라는 세계 주식시장에서 전무후무한 실전 매매기법을 정립하는 데 도움을 주신 증권사관학교 수강생 여러분과 자료를 작성해주신 JNB증권사관학교 강사님들, 유베스트원 전문가들께 깊은 감사를 드린다.

2009년 11월
이종형, 장진영

차례

대시세 종목에 대해
알아야 할 **기본 중의 기본**

아, 말만 들어도
가슴 떨리는 **대시세 종목!**

1 복리의 마법을 뛰어넘는 배수의 마법

    주식시장에는 수많은 종목들이 존재한다. 우리나라의 코스피, 코스닥 양 시장만 합쳐도 1,800개가 훨씬 넘는다. 그 모체인 기업의 가치는 서서히 변해가지만 주식의 가격은 매순간 끊임없이 오르내린다. 그중에서 짧은 기간에 적게는 100% 크게는 1,000%가 넘는 수익률을 안겨주는 종목이 있는데, 이들 보석 같은 주식을 우리는 '대시세 종목'이라 부른다.

    우리나라 증시 50여 년 역사에서 이러한 종목들은 수도 없이 많았다. 거시적인 경제나 사회 환경에 의해 탄생하기도 하고, 개별 기업의 독점적인 신기술 또는 완전히 새로운 시장을 개척했다는 사실이 투자자들에게 알려지면서 어느 날 갑자기 부상하기도 한다. 그리고 이런 일들은 오늘의 시장에서도 여전히 일어난다. 월스트리트의 전설적인 투자자 제시 리버모어는 이렇게 말했다. "월스트리트에서는 새로운 일이란 일어나지 않는다. 과거에 일어난 일이 되풀이될 뿐이다." 그렇다. 단지 그 탄생의 명분이 달라질 뿐으로 시세를 분출하기 전의 양상들은 대개 비슷하다.

그래서 이러한 종목들의 특징을 알아내기 위해 사람들은 수많은 시간과 노력을 투자한다. 인생에 한 번이라도 이런 종목을 잡는다면 대박을 터뜨리는 것이며 그야말로 인생역전이 가능하기 때문이다. 그리고 더 중요한 것은 한 번이라도 대시세 종목을 성공적으로 매매해본 사람은 대시세를 품고 있는 종목을 포착할 수 있는 능력을 갖추게 된다는 점이다. 발굴 능력을 갖추고, 진지하게 매매에 임한다면 어디에서도 불가능한 엄청난 부를 이뤄낼 수 있는 곳이 주식시장이다. 실제로도 대시세 종목을 여러 번 포착하여 큰 부를 이룬 투자자들이 적지 않다. 가끔 언론에 소개되는 슈퍼개미들도 이런 능력을 갖춘 이들이 대부분이며 알려지지 않은 종목 발굴의 귀재들도 많다.

대시세 종목은 투자금이 적더라도 큰 부를 쌓는 것을 가능하게 한다. 1,000만 원을 가지고 있는 투자자가 300%짜리를 하나 잡았다고 해보자. 원금 포함 4,000만 원이다. 만약 우연히 대시세주를 한 번 잡은 것이라면 이 투자자의 운은 여기서 끝이다. 그러나 그가 대시세주를 잡을 수 능력을 가졌다면 이야기는 달라진다. 1,000만 원이 4,000만 원이 된 후, 이 투자자가 200%짜리 대시세 종목을 하나 잡았다고 해보자. 투자금액은 순식간에 1억 2,000만 원으로 늘어난다. 다음에 또 100%짜리를 하나 잡았다고 해보자. 이번에는 2억 4,000만 원으로 급격히 늘어난다. 복리의 마법을 뛰어넘는 배수의 마법이다.

대시세 종목을 잡을 수 있는 능력이 있다면 투자금액이 복리보다 빠르게 늘어나는 마법을 체험할 수 있을 것이다. 이 책에서 당신은 부의 세계로 이르는 마법을 만나게 된다.

차트 1-1은 2009년 상반기를 뜨겁게 달궜던 게임주 중 하나인 엔씨소

프트다. 구간 내 저점과 고점을 보자면 2008년 10월 28일 22,900원이었던 주가는 2009년 6월 2일 201,500원에 이르러 있다. 반년 만에 10배, 즉 1,000% 가까운 상승을 한 것이다. 1,000만 원을 투자했다면 1억 원 가까운 잔고를 확인할 수 있을 것이다. 마티즈가 벤츠로 변신한 셈이며 이것이 바로 대시세주의 매력이다.

어디 가서 반년 만에 마티즈를 벤츠로 바꿀 만한 돈을 벌 수 있단 말인가. 평범한 월급쟁이는 말할 것도 없고 1억 연봉을 받는 사람도 이런 일은 불가능하다. 자영업자도 마찬가지다. 1,000만 원의 물건을 구입해서 아무리 큰 마진을 붙여 판다고 해도 반년 만에 9,000만 원을 버는 것은 불가능하다. 그러나 이런 일이 주식시장에서는 가능하다. 대시세 종목들의 마법이 실현되는 곳이기 때문이다.

2 양날의 칼, 칼자루를 쥐어라

지금 이 순간에도 시장에는 그간 응축되어 있던 기운을 내뿜으며 투자자들에게 환호성을 지르게 하는 종목이 분명 있다. 하지만 이런 종목들의 부작용은 없을까? 주식시장에 처음 발을 들여놓는 초보자들이 꾸는 대박의 꿈에는 이런 대시세 종목의 단면만 반영되어 있다. 그들은 인터넷에 떠

도는 '급등주 핵심 체크' 같은 수박 겉핥기식의 내용들을 암기하여 전장
으로 내달린다.

차트 1-2 대시세의 찬란한 이면

차트 1-2는 앞서 마티즈를 벤츠로 바꿔줬던 엔씨소프트의 이후 주가
흐름이다. 6월 2일의 고점 201,500원에서 8월 18일 구간상 저점 111,500
원에 이르러 있다. 45%, 절반 가까운 하락이다.

대시세 종목이 주는 찬란한 수익 이면에는 두 가지 그늘이 존재한다.
첫째는 이 주식이 내포하고 있는 힘을 발견하지 못하고 급등 직전 또는 초
기에 하차하는 이들이 많다는 사실이다. 이들은 우연히 이 종목이 눈에 띄
었던 것일 뿐 명확한 근거를 가지고 매수한 것이 아니기 때문에 며칠의 횡

보가 이어지면 흥미를 잃고 매도하고 만다. 또는 이례적인 주가 상승이 며칠 지속될 경우 약간의 정체만 보여도 차익을 챙기고 떠난다. 그렇더라도 이 부류는 치명적인 손실을 입지는 않는다.

딱한 것은 두 번째 그늘에 속한 이들이다. 대시세 종목의 상투에서 합류한 투자자들로 차트 1-2에서 보듯 손 한번 못 써보고 투자금을 잃게 된다. 이런 이유로 대시세 종목은 전문가들 사이에서도 '고수의 영역'으로 일컬어지며 '양날을 가진 보검'이라고도 불린다. 타의 추종을 불허하는 그 위력에 의해 누군가는 엄청난 수익을 얻고, 누군가는 평생 회복 못할 손실을 입는 것이다.

주식시장은 돈이 오고가는 곳이다 보니 온갖 술수와 기법들이 난무한다. 특히 기업의 실적과 성장을 바탕으로 주가가 오르는 점진적인 주가 상승과는 다른 차원으로, 일부 자본을 갖춘 집단이 기업의 실적을 부풀리거나 테마를 만들어내 주가를 인위적으로 끌어올리기도 한다. 이 책에서 정리하고자 하는 대시세 종목은 저평가 상태에 있는 우량한 기업을 전제로 하지만, 엄청난 시세를 준다는 점에서 테마주나 급등주와 성격상 중복되는 부분이 없을 수 없다. 때문에 우리는 보검의 칼자루를 쥐어야 한다. 대시세를 품고 있는 종목의 특징을 살펴 발굴하고, 그 자세한 매매법을 익혀야 할 뿐 아니라 잘못 판단했을 때는 유연하게 대처할 수 있는 능력까지를 갖춰야 비로소 대시세 종목을 매매할 준비를 마쳤다고 할 것이다.

3 대시세를 분출하는 종목들의 특징

　대시세주는 탄생 시기, 종류, 수익률이 종목들마다 달라서 일반 투자자들이 초기에 공략하기란 불가능하다고 여겨진다. 하지만 시기, 종류와 상관없는 몇 가지 특징을 갖고 있어 일반 투자자들도 분별해낼 수 있다. 단, 일반 투자자들이 이러한 특징을 포착한 시점은 이미 시세가 분출 중이거나 끝났을 경우이므로 매매에 동참하는 것은 다른 차원의 문제로 생각해야 한다. 대시세 종목에 대해 알기 위해 이 종목들의 이전 궤적을 짚어가면서 공부하는 데에는 충분히 활용할 수 있을 것이다. 대표적인 특징 네 가지를 요약하자면 다음과 같다.

(1) 주가의 탄력성이 매우 강하고 지속성을 가지고 있다

　성장성을 갖춘 우량주가 누구의 관심도 받지 못하고 있을 때 선견지명이 있는 누군가는 남들이 눈치 채지 못하도록 주식을 사 모은다. 보유량이 늘어나면 그 종목의 주가 움직임에 영향을 미칠 수 있는 정도까지 될 수도 있는데 이 주요 매매 주체를 통상 선도세력이라 부른다. 선도세력은 자신이 사 모은 종목의 주가가 움직이기 시작하면 되도록 빠른 시간 안에 투자금과 수익을 회수하여 떠나기를 원한다. 때문에 중요 지점에서는 방어하고 또 어느 지점에서는 부추기면서 주가 상승 분위기를 활성화시킨다. 어느 날 눈에 띄게 튀어 오르는 종목이 나타나면 매수세가 일시에 몰리는데 이것도 탄력성과 상승 지속성을 더하게 하는 또 다른 이유가 된다.

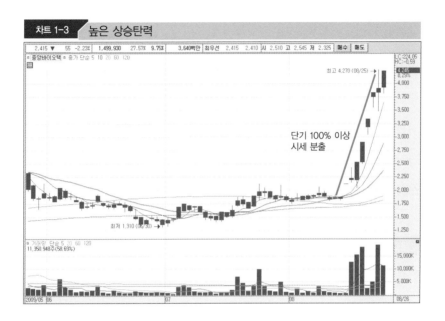

차트 1-3을 보면 거래일수 8일 만에 100% 정도의 주가 상승이 이뤄졌다. 한눈에 알 수 있듯이 주가가 쉬지 않고 오른 것이다. 대시세주는 한번 움직임을 시작하면 이렇게 짧은 시간 안에 분출하는 경향이 있다.

(2) 시세가 시작되면 개인 투자자들에게는 매수 기회가 거의 주어지지 않는다

숨 가쁘게 1차 상승을 진행한 종목들은 중간에 숨을 한번 고르는 시간을 갖는다. 주가가 어느 선까지 하락하는 가격조정이 진행되거나 일정 수준의 주가를 유지하면서 시간으로 숨고르기를 하는 기간조정의 경우가 있

다. 상승에 걸림돌이 될 만한 이전 고점의 가격대나 매물대, 중요 이동평균선의 저항 등을 앞두고 힘을 비축할 필요가 있기 때문이다.

만약 바닥에서 발굴하지 못했다면 이 종목의 시세에 동참할 질호의 기회가 된다. 하지만 대시세 종목에 대한 안목이 없다면 이때 매수 결정을 내린다는 것도 쉬운 일이 아니다. 저점을 생각하면 결코 낮은 가격대가 아니기 때문이다. 개인 투자자들이 이렇게 망설이고 있을 때 2차 상승은 더 급작스럽게, 더 빠르게 진행된다. 어, 하는 순간에 벌써 의미 있는 저항영역들을 넘어서 주가가 큰 폭으로 올라가 있음을 보게 될 것이다.

차트 1-4 매수 기회를 찾기가 힘들다

차트 1-4는 긴 시간 동안 큰 움직임이 없던 주식이 300원대에서 단숨에 600원 부근까지 100% 정도 상승했다가 500원대까지 가격조정을 받고 있는 모습을 보여준다. 개인 투자자 입장에서는 100%나 상승했던 종목이기 때문에 감히 매수할 엄두를 내지 못한다. 500원대라고 하지만 300원대였던 저점을 생각하면 상당히 높은 가격이기 때문이다. 이렇게 개인 투자자들이 망설이고 있는 사이 주요 주체들은 다시 자신들의 목표가를 향해 주가를 끌어올린다.

(3) 평소에는 전혀 관심을 받지 못하다가 시세 분출과 동시에 최고의 인기 주로 부상한다

큰 시세는 장기간 소외되었던 종목에서 나오는 경우가 많다. 이후에 설명하겠지만 대시세라고 부를 만한 상승은 주인이 있는 종목에서만 나올 수 있고, 주인이 있다는 말은 해당 종목의 물량을 충분히 매수해놓은 주체가 있다는 뜻이다. 장기간 소외된 종목은 일단 대중의 관심 밖이기 때문에 요란하게 사 모으지만 않는다면 눈에 띄지 않고 원하는 만큼의 물량을 매집할 수 있다.

이렇게 준비된 종목은 그 가치가 드러나자마자 시세를 분출하며 대번에 시장의 중심에 서게 된다. 누구도 거들떠보지 않던 소외 종목이 누구나 매수하고 싶어 안달하게 되는 인기주로 부상하는 것이다. 하지만 앞에서 봤듯이 인기주로 등극하는 순간부터 일반 투자자들의 매수 기회는 거의 주어지지 않는다. 자칫 주인이 빠져나가는 타이밍에 매수에 가담하여 마음고생만 하게 될 수도 있다. 오늘 인기주에 연연하기보다 탄탄한 업력을 갖췄으면서도 특별한 이유 없이 주가가 제자리걸음을 하는 종목을 눈여겨보는 것이 대시세주를 만나는 더 빠른 길이다.

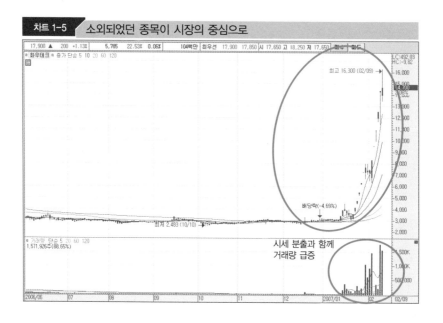

차트 1-5 소외되었던 종목이 시장의 중심으로

차트 1-5의 왼쪽 부분을 보면 8개월 정도 횡보 구간이 있다. 이 기간 동안 누가 관심을 가질 수 있단 말인가. 아무 변화도 없이 옆으로 기는 종목은 지루해서 견딜 수 없기 때문에 매매하고자 하는 투자자가 거의 없다. 하지만 이처럼 모두가 지치고 지루해하는 이른바 죽은 종목 중에서도 누군가 매일 은밀하게 물량을 모아가는 종목이 있음을 알아야 한다. 한 번의 엄청난 수익을 위해 이들은 누구에게도 들키지 않도록 조심하면서 자신들이 목표한 수량에 이를 때까지 끈기 있게 사 모은다. 차트를 예로 보자면 3,000원대에서 시작된 시세가 16,000원대까지 이어졌다. 장기 소외 종목을 사 모은 이들의 수고가 얼마만큼의 보상으로 돌아갔는지를 알 수 있을 것이다.

(4) 시장에서의 공감대 수준에 따라 수익률이 크게 달라진다

시세를 만드는 명분 또는 재료는 그 자체의 가치가 아니라 시장에서 받아들여지는 가치가 더 중요하다. 대시세는 해당 종목의 주인이 만들어내는 경우가 대부분이라고 해도 과언이 아니다. 그 주인들은 주가를 끌어올리기 전 '얼마까지' 올리겠다는 나름대로의 목표가를 산정한다. 하지만 아무리 주가를 일정 부분 좌우할 수 있다 해도 그들 뜻에 의해서만 되는 것이 아니다. 어느 시점에 이르면 매집한 물량을 분산시켜야 하기 때문에 그 물량을 충분히 받아줄 만큼의 매수세가 존재해야 한다. 그 가격에도 매수를 하겠다고 나설 만큼 시세 분출로 높아진 주가가 매력적으로 보여야 한다는 것이며, 그러기 위해서는 대중적인 공감대가 광범위하게 형성되어 있어야 한다.

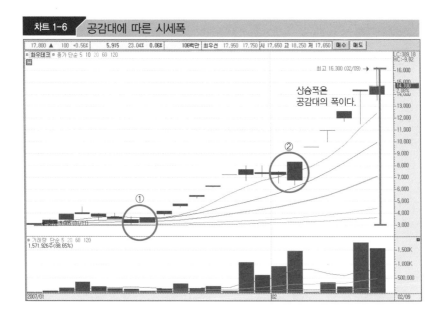

차트 1-6 공감대에 따른 시세폭

    차트 1-6은 차트 1-5의 상승 기간만 확대한 모습이다. 이 종목은 엄청
난 시세 분출을 보여주었지만 만약 시장에서 받아들여지지 않았다면 1번
에서 상승을 멈출 수도 있었을 것이다. 또는 2번까지 주가가 상승을 했는
데 시장의 분위기가 좋지 않았다면 거기서 멈췄을 수도 있다. 그런데 1번
과 2번을 뛰어 넘어 더 큰 폭으로 상승할 수 있었던 이유는 시장에서 이
종목의 시세 분출을 받아들였기 때문이다. 시장과 함께 할 수 있어야 진정
한 대시세주가 탄생하는 것이다.

대시세는
어떻게 만들어지는가?

　　이번 장에서는 대시세 종목을 발굴하기 위한 기본적인 사항을 짚어보고자 한다. 크게 다섯 가지 항목에 대해서 살펴볼 터인데 여기 제시하는 내용들은 큰 그림으로 이해하면 된다. 코스피와 코스닥 시장의 성격이 다르고, 대형주와 소형주 매매가 다르며 업종별로도 일률적인 수치를 제시할 수 없기 때문이다. 각 항목들 중 기술적인 부분은 2부에서, 실전 적용의 문제는 3부에서 구체적으로 제시할 것이다. 특히 3부에서는 실제 발굴 사례를 공개하면서 이 기준들을 어떻게 적용했는지 설명하고자 하므로 연동하여 이해하기 바란다.

1 시세의 재료가 있어야 한다
— 재료를 해석하는 안목이 있는가

독자들 중에서는 혹시 주가 상승은 수요와 공급에 의해 이뤄지는데 재료가 무슨 필요가 있느냐고 말할 사람이 있을지도 모르겠다. 하지만 종목의 시세를 주도하는 주요 매매 주체들 역시 돈의 힘만으로는 주가를 올리는 데 한계가 있다. 양껏 끌어올리는 데까지는 성공했다 하더라도 자신들의 물량을 받아줄 이들이 없다면 결국 큰 손실을 떠안게 된다.

재료는 주가를 상승시킬 때 명분이 되는 동시에 상승 모멘텀으로서 매수세 유입의 촉매 역할을 해준다. 또한 고점에서는 개인들에게 물량을 전가시킬 수 있도록 해주는 중요한 역할을 한다. 때문에 재료는 대시세 종목에서는 결코 빠져서는 안 되는 조건 중의 하나이며 그중에서도 최우선적인 항목이라 할 수 있다.

재료가 신선하면서 파격적일수록 주가의 탄력성은 더욱 높아진다. 재료의 가치가 뛰어나면 주가가 상승하더라도 시장에서의 폭넓은 공감대에 의해 수요가 지속적으로 일어나고 상승 모멘텀이 된다. 따라서 재료의 가치를 잘 분석해야 한다. 과연 이 재료는 신선한가? 시장에서 어떻게 반응할 것인가? 생명력이 길지 못한 단발성인가? 이전에 써먹었던 것을 다시 꺼낸 재탕인가 등을 면밀히 파악해야 한다.

예를 들어 수주계약이나 자사주 매입 같은 공시는 물론 주가에 호재임은 틀림없다. 하지만 단발적인 재료이기 때문에 대시세를 기대할 수는 없다. 반면 신기술 개발이나 신사업 진출, 대주주 지분 변동 등은 규모가 크고 주가에 확실한 임팩트를 줄 수 있다.

이와 함께 최근 장세에 잘 반영되는 재료가 무엇인지 파악하고 있어야 한다. 시장이 하락추세인데 주식의 유동성을 풍부하게 해주는 증자나 액면분할 같은 공시는 찬물을 끼얹는 셈이 된다. 더욱이 조심해야 될 사항은 시장을 한차례 휩쓸고 난 뒤 소멸되고 있는 재료나 테마에 뒤늦게 편승하는 종목을 매매하는 것이다.

예를 들어보자면 2007년 자원개발이라는 키워드가 시장을 강타한 적이 있었다. 전통적인 자원의 개발뿐 아니라 대체재, 에너지 방면으로까지 테마가 확산되면서 많은 종목이 덩달아 상승했다. 하지만 막바지에 이르러 자원개발업을 사업목적에 추가하여 공시한 기업들의 실상을 보면 엔터테인먼트, 금융, 전자기기 제조업체 등 전혀 별개의 사업을 영위해오던 기업들이 많아 우려를 샀다. 공시 이후 해당 기업들의 주가는 급등과 급락을 반복함으로써 도리어 투자자들을 큰 손실로 몰아넣었다. 뒤늦은 재료에 편승하는 것이 얼마나 치명적인지를 보여주는 이와 같은 예는 증시 역사에 수도 없이 많다.

그러므로 재료 분석에서 무엇보다 중요한 것은 모멘텀이 형성되기 전에 포착해야 한다는 것이다. 이와 함께 앞으로 어떤 재료가 발생할 것인지를 예측하는 능력도 필요하다. 그러기 위해 가장 기본적으로 해야 할 일은 해당 기업의 주식 담당자와 통화하는 것이다.

우리나라의 주식투자 인구가 직·간접 투자를 합쳐 500만 명 가까이 된다고 하는데, 그중 자신이 매매하고자 하는 종목의 기업 실상을 확인하기 위해 주식 담당을 찾는 이들은 몇이나 될지 궁금하다. 주식시장에 상장한 기업들은 모두 IR^investor relation 담당을 두고 있다. 투자자들에게 기업의 경영과 전망에 대한 정보를 제공하는 활동을 하는데 자사의 자금조달을 원활하게 하고자 하는 기업의 필요에 의해서이기도 하다.

1990년대 말 개인 투자자였던 필자는 투자할 종목을 찾기 위해 해당 기업의 제품과 향후 사업 전망, 요약 재무제표뿐 아니라 주주 분포 형태와 지분율까지 모두 조사했다. 그리고 마지막 단계로 반드시 주식 담당자에게 전화하여 그 정보들을 꼼꼼히 확인했다. 미심쩍은 부분이 있으면 다시 조사하고 또 전화하여 확인을 거쳤다. 무조건 주식 담당을 찾는다고 해서 그가 모든 정보를 알아서 제공해주리라고 기대해서는 안 된다. 사전에 이렇듯 철저히 준비를 해야 어떤 질문을 할지, 무엇을 알아내야 하는지 계획할 수 있다. 기업이 제공하는 자료뿐만 아니라 경제신문 등 다른 경로의 정보를 더 많이 확보할수록 알찬 열매를 얻을 수 있다.

(1) 단발적인 호재성 공시 : 단기 시세

차트 1-7 단기 시세

자사주 매입이나 수주계약 등 파급효과가 약한 단발적인 호재성 공시로 시세를 주는 경우다. 보통 일주일 내에 마무리되는 짧은 급등파동을 보인다. 마무리 단계에서 같은 재료의 반복적인 노출로 캔들이 장대양봉 또는 장대음봉으로 출현되는 경우가 주를 이룬다.

(2) 신기술 개발 등 기업에 대한 기대치 증가 : 중기 시세

주기가 최소한 1개월 이상 진행되는 경우다. 사회적인 이슈로 주목받게
되거나 신기술 개발, 실적호전 등에 의해 지속적으로 상승하는 예가 많다.
중간중간 가격조정이 진행되며 상승한다.

(3) 정부정책 수혜 또는 기관·외국인의 집중 매수 : 장기 대시세

차트 1-9 　장기 시세

　　정부정책 수혜주 또는 기관이나 외국인 집중 매수 종목에서 전형적으로 나타난다. 실적과 연관성이 있기 때문에 최소 3개월 이상 진행되는 급등파동이다. 종목 주인들은 충분한 매집을 위해서 가격조정보다는 기간조정으로 개인들을 극도로 지겹게 만든다. 의도적으로 시장에서 단기 급등주로 인식하게 한 후 재차 랠리를 펼치는 특징을 가지고 있다.

2 끼가 있는 종목이어야 한다
- 투자심리를 읽는 마인드가 있는가

'끼가 있는 종목' 이란 과거에 시세를 분출한 적이 있는 종목을 말한다. 단, 최근에 시세를 준 종목은 제외한다. 분산된 주식이 매집되는 데는 시간이 필요하기 때문이다. 어느 경우를 끼가 있다고 할 수 있는지에 대한 대체적인 흐름은 2부에서 여러 예를 들면서 설명하겠다.

과거에 시세를 낸 적이 있는 종목이 다시 시세를 내기가 용이한 이유는 간단하다. 매집이 수월하다는 것이다. 시장에는 여러 가지 시세주의 조건을 갖추고도 주가가 몇 년째 움직이지 않는 종목이 허다하다. 이러한 종목은 대체로 보유 지분이 흩어져 있고 장기 투자자가 많다. 이들은 어느 가격대를 중심으로 수익이 나면 매도했다가 가격이 하락하면 재매수하여 기다리길 반복한다. 때문에 숨어 있는 매물들이 엄청나게 많아 매집이 수월치 않다. 충분한 물량을 갖추지 못한 상태로 주가 부양을 시도했다가는 숨어 있던 매물들에 폭격을 당할 수 있기 때문이다.

이에 반해 끼가 있는 종목은 거둬들이기가 비교적 쉬웠던 전력을 갖고 있음을 나타낸다. 대주주의 지분이나 기타 보유자들의 분포가 적절하고 투자자들의 매매 패턴도 매집에 큰 걸림돌이 되지 않았을 것이다. 또한 큰 시세를 주는 종목의 주인은 기관이나 외국인 투자자인 경우가 많은데 이들이 관심을 가질 만큼의 기업이라는 의미이기도 하다.

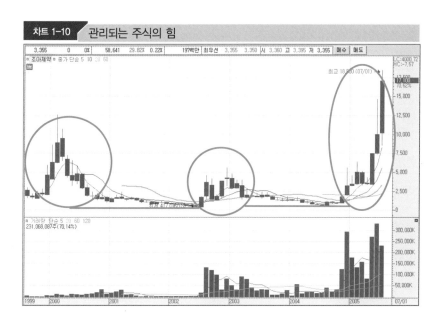

　　차트 1-10은 코스닥 제약주의 월봉이다. 1999년 말부터 2000년 상반
기에 7배 수준의 대시세를 줬고, 이후 2005년 대상승장에서는 더 큰 폭의
시세를 냈다. 월봉이기 때문에 실감이 덜할 수도 있지만 일봉으로 본다면
1년 동안 지침 없이 상승한 모습을 볼 수 있다. 그리고 두 지점 중간인
2002년 하반기에도 10배가 넘는 대시세를 분출한 적이 있다. 당신은 이
시세 분출 지점이 아니라 그 사이의 구간, 주가가 움직이지 않는 듯이 보
이는 그 구간에서 어떤 일이 일어났는지를 이 책에서 배우게 될 것이다.

3 주인이 있어야 한다
- 주가가 관리되고 있는가

익히 알다시피 분산된 물량과 매집된 물량은 힘이 다르다. 주인은 해당 종목의 주가를 어느 정도까지는 관리할 수 있을 정도로 물량을 충분히 모은 주체를 말한다. 앞서도 말했지만 통상적인 주가 상승과 달리 대시세는 시장의 수요와 공급에 의해서는 일어날 수 없다. 어떤 주체가 목표한 가격 대까지 끌어올리겠다는 강력한 의지를 갖고 있을 때에만 가능하다.

그렇다면 주인이 있다는 것을 어떻게 알 수 있는가? 단적으로 얘기하자면 최근 차트상 최소 3개월은 횡보하며 매집한 흔적이 있어야 한다(이에 대해서는 2부 3장에서 자세히 설명한다). 매집은 해당 종목이 상승 모멘텀을 갖추는 데 반드시 필요한 요소다. 하지만 단순히 오랜 기간 횡보하고 있다는 사실만으로 매집이라고 단정해서는 안 된다. 그야말로 건질 만한 매력이 아무것도 없는 종목들도 많고, 주가가 어찌 되든 관리할 생각도 하지 않는 기업도 부지기수다. 횡보 중인 종목을 눈여겨보랬다고 덜컥 매수부터 했다가는 마음고생만 하게 될 수도 있다.

주인이 되기 위해서는 정보력과 자금력이 필요하다. 어떤 재료가 유망할지 동향을 읽는 데서부터 그 재료에 적합한 기업이 어디인지를 분석해 내기 위해, 또는 역으로 어떤 유망한 기업의 재료를 확보한 후 그것이 시장에 녹아들겠는지 여부를 판단하기 위해 정보력과 분석력을 갖춰야 한다. 또한 그에 기반하여 충분한 물량을 확보하기 위해서는 자금력이라는 또 하나의 자격을 갖춰야 한다.

이런 이유로 개인 투자자가 한 종목의 주인이 되기란 지극히 어려운 일이다. 몇백 퍼센트, 몇천 퍼센트라는 경이적인 시세는 기관과 외국인이 주인으로 있는 종목에서 나온다. 2005년과 2007년의 대상승장을 떠올려보자. 당시 지수가 하늘 높은 줄 모르고 솟았지만 개별 종목들 중에서는 기관이나 외국인이 확실하게 주인으로 있는 종목들만 큰 시세를 줬음을 알 것이다. 대상승장이라고 언론까지 합세하여 난리를 쳐도 큰돈을 번 개인들은 그다지 많지 않았던 이유다. 정보력도 자금력도 부족한 개인이 주식 투자로 성공하는 지름길은 주인이 있는 종목에 참여하여 시세를 기다리는 것이다.

4 덩치가 너무 크거나 작지 않아야 한다
– 수급의 힘을 저울질하라

덩치는 돈의 규모와 주식의 규모를 말한다. 시가총액과 자본금, 주가 등이 돈의 규모에 해당하고 유통주식 수와 소유분포, 대주주 지분 등이 주식의 규모에 해당한다.

(1) 돈의 규모 : 시가총액과 자본금

시가총액은 기업이 발행한 전체 주식 수에 현재 시장에서 거래되는 가격을 곱한 것이다. 때문에 시가총액이 크다는 것은 발행주식 수가 많거나 주가가 비싸다는 것으로 이해할 수 있다. 두 경우 모두 큰 시세를 내기에는 불리한 조건이다. 주식 수가 많으면 웬만한 물량으로는 주가를 관리할 수 있을 만큼 매집이 되지 않기 때문이고, 주가가 너무 높을 때에는 매수세가 몰려들지 않으므로 매집 물량을 넘겨줄 수가 없기 때문이다.

'싼 게 비지떡'이라는 말이 있지만 펀더멘털이 우수한 대형주나 M&A를 통한 우회상장주 만큼은 '싼 게 금'이 될 수도 있다.

펀더멘털이 우수한 대형주란 업종 내에서 1, 2위를 다투는 기업으로서 자체적인 경쟁력을 지니고 있는 기업을 말한다. 이들은 안정된 수익구조를 갖추고 있기 때문에 경기 불황에도 쉽게 타격을 입지 않는다. 또한 고객 충성도와 친밀도가 높아 경기 회복 단계나 전환 시기에는 누구보다 빠른 회복세를 보이며 시장을 주도한다. 이러한 기업들의 주가가 낮은 위치에 있을 때에는 기관 또는 외국인 등의 매수세가 대량으로 유입되는 한편 매매차익을 노리는 기업사냥꾼들에게 표적이 되기 쉽다.

우리나라 대표 기업인 SK, KT&G, 삼성물산 등이 소버린(호주)과 칼 아이칸(미국), 헤르메스(영국) 등 외국계 전문 투자 집단들의 표적이 된 바 있다. 이 기업사냥꾼들은 어김없이 경영권을 위협하며 적대적 M&A를 시도하였으며 그 재료로 주가를 급등시켜 단기간에 엄청난 시세를 거두어갔다.

또한 소형 개별주의 경우에는 시가총액이 낮은 상장기업일수록 우회상장을 하려는 비상장기업들에게 매력적인 대상이 된다. 업력이 뛰어난 비상장기업의 우회상장 대상으로 물망에 오르면 그 뉴스만으로도 엄청난 시세가 나올 수 있다.

하지만 무턱대고 시가총액이 낮다고 좋은 것은 아니다. 대형주의 경우에는 무리한 사업 확장이나 부실경영, 자금 유동성 부족에 의한 이유로, 소형 개별주의 경우에는 대규모 자본잠식 등으로 시가총액이 줄어들었다면 이들 종목은 무조건 투자 대상에서 제외해야 한다.

그렇다면 어느 정도가 적절한 걸까? 거래소와 코스닥 시장의 성격이 다르고 한 시장 안에서도 대형주·중형주·소형주의 움직임이 다르며, 업종별로도 매매되는 습성이 모두 다르기 때문에 각 분류별로 적정선을 감안하는 것이 최선이다. 여기에 대해서는 3부 실전편에서 예를 들어가며 설명하도록 하겠다.

자본금 역시 마찬가지다. 자본금은 발행주식 수에 액면가를 곱한 금액이다. 자본금의 규모에 따라 750억 원 이상의 자본금을 가진 회사의 주식을 대형주라 하고, 350억 이상 750억 원 미만을 중형주, 그 이하를 소형주라 분류한다.

이 규모 역시 시가총액과 같은 맥락으로 대시세주의 조건에 합당한지를 따지는 데 필요한 요소다. 일률적인 수치를 제시하는 것은 무의미한 일이지만 경험상 개별 소형주들이 대시세를 분출하기 위해서는 자본금 규모로 30~70억 원 정도가 적당한 듯하다. 그런데 개별 소형주 중에서 낮은 주가에도 불구하고 유상증자, 전환사채^{CB}, 신주인수권^{BW} 등의 무리한 발행으로 시가총액과 자본금의 균형이 맞지 않는 경우가 있으므로 주의해야 한다. 업종별, 상황별 적절한 기준은 3부 실전편의 사례를 참고하기 바란다.

(2) 주식의 규모 : 유통주식 수, 대주주 지분

기업에서 발행한 모든 주식이 시장에서 거래되는 것은 아니다. 전체 발행주식 수에서 대주주를 비롯한 특수관계인, 우리사주, 자사주 보유 지분 등 장기적으로 보유하게 되어 있는 주식 수를 차감한 것이 유통주식 수가 된다. 여기에 기관이나 외국인 등 장기 보유 성향의 주체가 매수에 나서면 실 유통주식은 그만큼 더 줄어든다.

유통주식 수가 너무 많거나 너무 적어도 시세를 내기에는 적합하지 않다. 그 이유는 돈의 규모에서 이야기한 것과 마찬가지로 어떤 한 주체가 종목의 주인으로서 지배력을 갖추기가 어렵기 때문이다. 대시세를 분출하기 위해서는 중대형주 또는 그에 해당하는 자본금 규모(350억 이상)의 주식은 전체 발행주식 수의 40~50% 정도가 적당하고, 테마주 또는 개별 소형주 경우에는 700~1,200만 주 수준이 적당하다는 것이 필자의 경험이다.

여기에 대주주 지분도 특별히 눈여겨봐야 하는데 이 역시 '너무 많거나 너무 적어도 안 된다'가 정답일 수밖에 없다. 굳이 기준을 두자면 30% 내외가 적당하다고 본다. 단, 성장주나 가치주 중에서 대주주 지분이 현저히 낮을 경우에는 적대적 M&A 대상이 되기 쉬워 주가를 크게 움직일 수 있다.

주식의 규모를 확인할 때는 기업의 공시를 확인하는 습관을 기르는 것이 좋다. 한국거래소$^{www.krx.co.kr}$에서는 투자자들이 상장기업의 정보를 언제라도 확인할 수 있도록 무료 서비스를 제공하고 있다. '상장/공시/리서치' 메뉴를 활용하면 종목별로 공시된 모든 자료를 볼 수 있다. 그중 분기나 반기보고서는 반드시 확인해야 하며, 주식변동보고서가 있었는지 수시로 체크한다. 금융감독원 전자공시 사이트$^{dart.fss.or.kr}$를 이용해도 된다.

보고서의 '주주에 관한 사항'으로 들어가면 우선 '최대주주 및 그 특수관계인의 주식소유 현황'이 제시되어 있고, '주식의 분포'를 통해 5% 이상 주주의 주식소유 현황, 우리사주 지분 및 주주 분포를 명확하게 볼 수 있다. 3부 8장에서 몇 가지 사례를 확인할 수 있다.

기업의 실적도 좋고 차트도 모양을 만들어가고 있으며 눈에 번쩍 뜨일 만한 호재가 나왔다고 하더라도 이 조건에 부합하지 않으면 그 시세는 오래갈 수 없다. 사고팔기를 반복하는 개인들의 거래로 거래량만 급격히 늘어날 뿐 주가는 재료의 가치에 부응하지 못하게 된다. 덩치를 살펴야 하는 이유는 해당 종목에 주인이 있는가의 문제와 연관이 있기 때문이다.

5 기본적 조건과 기술적 조건이 부합해야 한다
- 기본기를 길러라

앞에서 이야기한 네 가지 항목만 가지고 즉시 매매에 나섰다가는 큰 낭패를 볼 수도 있다. 대시세 종목 매매는 물론이거니와 애초에 주식을 매수하고자 할 때는 가장 기초적인 사항을 검증해야 한다. 쉽게 말하면 '망하지 않을 회사'의 주식을 사라는 이야기다. 차트도 예쁘고 그럴싸한 공시도 수시로 뜨며, 귓속말로 전해지는 호재도 많은 종목이 있다면 일단 의심부터 하는 게 순서다. 십중팔구는 개인 투자자를 유인하기 위해 누군가 작전을 하고 있다고 볼 수 있다.

다시 강조하지만 이 책에서 우리가 이야기하고 있는 '대시세'는 주가조작에 의한 수익이 아니다. 내실을 갖춘 기업이 아직 그 가치를 인정받고 있지 못할 때 발굴하여 그 가치가 시장에 인정되어 빛을 발할 때 수익을 거둬들인다는 개념이다. 현재 우리 주식시장에는 가치투자와 기술적 매매가 극과 극으로 양분되는 것처럼 인식되어 있다. 하지만 시대도, 시장도 끊임없이 변한다. 둘을 칼로 자르듯이 나누고 한쪽만 맹신하는 것은 어리석은 일이다. 덩샤오핑은 '검은 고양이든 흰 고양이든 쥐만 잘 잡으면 된다'고 했다. 각각의 장점을 취해 최적의 방식으로 수익을 낼 수 있다면 그것을 투자라 부르든 매매라 부르든 우리가 주식시장에 참여하면서 추구하는 바를 가장 잘 실현해주는 방법일 것이다.

그 첫째가 기본적 분석에서 합격한 종목을 선택하는 것이다. 기본적 분석이란 그 주식을 발행한 기업의 내재적 가치를 분석하여 현재 시장가격과 비교함으로써 미래의 주가를 예측하는 것을 말한다. 기업 자체의 재무, 경제 요인뿐 아니라 전반적인 경기나 산업 동향, 정치상황, 정부정책, 산업 지표 등 기업 가치에 영향을 미칠 만한 포괄적인 사항들이 함께 분석되어야 하므로 전문가의 영역에 속한다. 다뤄야 할 주제의 광범위함뿐 아니라 분석에 있어서의 전문성도 일반 투자자들이 수행하기에는 한계가 있으므로 대개는 증권사의 보고서 등을 참고한다(이에 대한 상세한 안내는 『실전 증권사관학교 X파일』 8장을 참고하기 바란다).

그중 기업의 내재가치를 분석하는 다음 세 가지 지표 정도는 반드시 확인하기 바란다. 첫째는 성장성이다. 지난 해 또는 지난 분기와 비교하여 기업이 어느 정도 성장했는지를 매출액과 영업이익, 순이익 증가율을 통해 파악한다. 둘째는 수익성이다. 일정 기간 동안 수익 창출 능력이 어떠했는지를 매출액순이익률, 자기자본이익률의 증감으로 따져라. 셋째는 안정성이다. 부채비율, 자기자본비율, 유동비율 등으로 사업을 영위하는 데 남의 돈에 얼마나 의존하고 있는지, 경기변동 시에 대처능력은 어느 정도인지를 확인하라.

기본적 분석에서 합격점을 받았다면 이들을 관심종목에 편입시킨 후 구체적인 매매 타이밍은 기술적 분석으로 포착한다. 기술적 분석은 과거의 주가 움직임과 거래량 등의 데이터를 기초로 일정한 패턴을 발견하거나 지표들 간의 연관관계에 의해 미래의 주가를 예측하는 방법이다. 기본적 분석을 통해 저평가된 우량주를 발굴했다 하더라도 매매 타이밍을 적절하게 포착하지 못하면, 너무 일찍 진입하여 보초만 서다 나오거나 너무 늦게 탑승하여 상투를 붙잡게 된다.

기술적 분석에서 반드시 필요한 캔들, 이동평균선, 추세선 등에 관해서는 2부에서 다양한 예시와 함께 다룰 것이다. 주식을 거래하는 일은 과학적인 프로세스가 아니다. 때문에 같은 패턴이 나타난다 하더라도 상황에 따라 다른 결정을 내려야 하는 일이 비일비재하다. 어떤 상황들을 고려해야 하는지, 상황별로 경우의 수가 얼마나 다양해지는지 역시 2부에서 다루도록 하겠다.

대시세를 내는
재료들을 점검하고
그 재료를 평가하라

1 유동성 확보
- 무상증자와 액면분할의 명암을 읽어라

주식이 시장에서 거래되기 위해서는 적절한 수준의 유통물량이 있어야한다. 이를 유동성이라 하는데, 물량이 너무 많으면 상승이 무겁고 너무적으면 거래가 원활하게 이뤄지지 않는다. 유동성을 개선하는 것도 주가를 관리하는 한 방편이 된다.

증자를 하면 주식 수가 늘어나는데 여기에는 유상증자와 무상증자가있다. 말 그대로 유상증자는 공모를 통해 주금의 납입을 받고 증권을 배분하며, 무상증자는 주금의 납입 없이 이뤄지는 형식적인 증자다. 시장의 재료로서 더 파격적인 경우는 당연히 무상증자를 통한 유동성 개선인데, 자산재평가적립금이나 주식발행초과금 등 기업이 보유하고 있던 잉여자본을 기존 주주에게 공짜로 나눠주는 것이기 때문이다.

한편 액면분할은 단순히 주식의 액면을 나누는 것이다. 액면가 5,000원인 10만 원짜리 주식의 액면가를 1,000원으로 분할하면 주가가 2만 원이 되면서 1주가 5주가 된다. 주가는 싸지고 주식 수는 늘어나 거래되는 횟수도 늘어난다.

무상증자나 액면분할 모두 주주가치 재고 측면에서 적극적으로 실행되는 주가 부양책에 속한다. 이와 같은 재료는 가격적인 매력과 원활한 유동성으로 주식 거래에 활기를 부여하며, 당연히 시세를 분출하는 데 호재로 작용한다.

하지만 모든 액면분할이 거래에 적합한 재료인 것은 아니다. 액면분할이 이뤄질 경우 거래 활성화와 함께 일정 부분 주가가 상승하는 경향이 일반적이라는 점을 이용하여 주가가 액면가 아래로 추락한 일부 부실기업이 퇴출 방어책으로 실시하기도 하기 때문이다. 유동성 확보의 이면에 어떤 사정이 있는지를 정확히 파악해야 하는 것도 이 때문이다.

호재로 작용할 경우에도 주의할 점이 있는데 현 주가의 위치를 살펴야한다는 점이다. 낮은 가격대에서 유동성 확보는 매매를 활성화시켜 상승동력으로 작용하지만, 시세를 준 상태에서의 무상증자는 종목의 주인들에게 퇴로 역할을 한다. 어떤 종목의 물량을 엄청나게 매집해놓고 있는 주인들에게는 주가를 끌어올리는 데 성공하느냐보다 그 물량을 무사히 매도할 수 있느냐가 더 중요한 문제가 된다. 때문에 액면분할로 가격적인 착시효과가 일어날 때를 이용해 자신들의 주식을 떠넘기고 유유히 떠나는 것이다.

사례 1 무상증자

오디텍은 삼성전기, 서울반도체 등 대형 거래처를 확보한 기업으로 반도체 개발에서 모듈 제조까지 수직 계열화에 성공하였으며 주력제품인 제너 다이오드의 매출 신장으로 실적개선의 기대감을 지니고 있었다.

그림 1-1   공시(무상증자)

무상증자 결정

1. 신주의 종류와 수	보통주 (주)	2,160,701
	우선주 (주)	-
2. 1주당 액면가액 (원)		500
3. 증자전 발행주식총수	보통주 (주)	4,486,252
	우선주 (주)	-
4. 신주배정기준일		2009년 01월 01일
5. 1주당 신주배정 주식수	보통주 (주)	0.5
	우선주 (주)	
6. 신주의 배당기산일		2009년 01월 01일
7. 신주권교부예정일		2009년 01월 21일
8. 신주의 상장 예정일		2009년 01월 22일
9. 이사회결의일(결정일)		2008년 12월 16일
- 사외이사 참석여부	참석(명)	-
	불참(명)	-
- 감사(감사위원)참석 여부		불참

그림 1–1은 2008년 12월 16일의 공시 내용이다. 그런데 재미있는 것은 그해 연초부터 이미 증권가에서 이 기업이 무상증자를 할 것이라는 소문이 돌았다는 사실이다. 그러나 회사에서는 당시 무상증자를 검토한 적도 없고 사실무근이라고 발표했다. 그러다가 연말이 되자 무상증자 공시를 낸 것이다. 소문이 사실로 변하는 순간이었다. 어찌 됐든 발표일 당시의 주가가 어느 상태에 있었는지 살펴보자.

차트 1–11 무상증자 발표일의 주가

표시된 캔들이 바로 무상증자를 발표한 날이다. 보다시피 이미 1주일 정도 전부터 주가가 상당폭 상승해 있다. 내부거래자나 무상증자 소식을 접한 거래자들이 미리 매수하고 있었던 것으로 보인다. 그런데 상승세는 무상증자 발표와 함께 완전히 꺾여버렸다. 다음 차트를 보자.

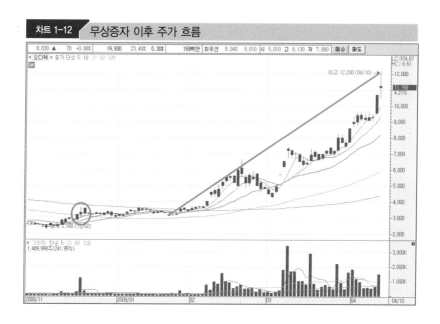

차트 1-12　무상증자 이후 주가 흐름

원으로 표시된 증자 발표일 부분을 보면 대량 거래가 터지면서 주가가
밀렸고 익일에도 평소보다 많은 거래량을 보이며 장대음봉을 기록했다.
소식을 듣고 달려든 개인 간 거래로 인해 단타매매가 극심해지면서 결국
전일 종가보다 하락하고 만다. 그러고도 한 달이 넘도록 큰 변화가 없이
주가는 횡보한다.

그렇지만 이 재료가 완전히 소멸된 것은 아니다. 무상증자는 기업에서
이익이 난 부분을 주주들에게 공짜로 나눠주는 것이다. 수익을 내고 있는,
재무구조가 탄탄한 기업에서 할 수 있는 일인 것이다. 이후 흐름을 보면

알겠지만 2009년 1월 하순 신주 교부가 완료된 시점부터 2개월여 동안 400%가 넘는 대시세를 분출했다.

미래나노텍은 프리즘 필름과 마이크로 렌즈 패턴 필름을 주력으로 하는 LCD BLU용 광학필름 생산업체로 매출액과 영업이익 등이 큰 폭으로 성장하고 있다. 이 기업의 무상증자와 주가 움직임의 연관성을 보자.

그림 1-2   공시(무상증자)

무상증자 결정

1. 신주의 종류와 수	보통주 (주)	11,913,384
	우선주 (주)	600,000
2. 1주당 액면가액 (원)		500
3. 증자전 발행주식총수	보통주 (주)	6,497,517
	우선주 (주)	300,000
4. 신주배정기준일		2008년 12월 03일
5. 1주당 신주배정 주식수	보통주 (주)	2
	우선주 (주)	2
6. 신주의 배당기산일		2008년 01월 01일
7. 신주권교부예정일		2009년 01월 02일
8. 신주의 상장 예정일		2009년 01월 05일
9. 이사회결의일(결정일)		2008년 11월 17일
- 사외이사 참석여부	참석(명)	2
	불참(명)	-
- 감사(감사위원)참석 여부		-

그림 1-2의 2008년 11월 17일 공시 내용을 보면 자사주 54만 825주를 제외하고 보통주와 우선주 모두 1주당 2주씩 무상증자를 한다는 것이다.

엄청난 물량을 나눠주는 것뿐만 아니라 자사주 54만 주가 무상증자에서 제외되기 때문에 기존 주주 입장에서는 자사주 효과까지 함께 보게 되는 것이다.

하지만 이 종목은 무상증자 결정과 함께 주가가 하락했다. 11월 17일 캔들을 보라(차트 1-13). 호재이기는 하지만 엄청난 물량을 쏟아내는 것이기 때문에 시장에서 부담으로 받아들여지기 때문이었다. 사실 이와 같은 결과는 의외인데 왜냐하면 무상증자 내용이 상당히 실속 있고 이 회사의 3분기 실적도 사상 최대를 기록했기 때문이다. 하지만 차트를 보면 이해가 될 것이다.

차트 1-13　무상증자 발표일의 주가

이미 저점에서 100% 이상 상승한 상태다. 물론 100% 상승했다고 하지만 급락한 종목이 반등한 정도의 수준이라고 할 수 있다. 하지만 저점에서 100% 상승한 것은 사실이다. 저점에서 수익을 낸 투자자는 당연히 호재가 발생했으므로 수익을 챙겨야 하는 시점이다. 무상증자 소식을 미리 접하고 매수한 내부자나 관계자일 가능성이 높다 하더라도 이들은 이미 큰 차익을 얻은 상태이기 때문에 호재가 발표되자마자 매도에 나섰을 것이다. 거래량으로 보자면 전일 대비 7배가 넘는다. 이 정도의 거래량이면 기존 투자자와 신규 투자자 간의 물량 교환이 상당히 진행됐으리라 짐작할 수 있다.

이제 증자 완료 후의 주가 움직임을 보자.

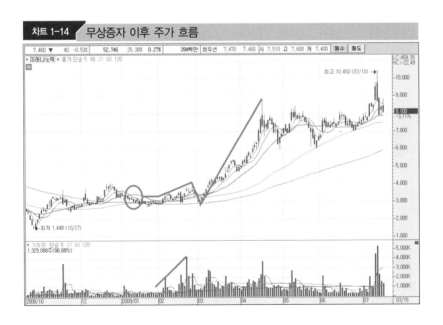

차트 1-14 무상증자 이후 주가 흐름

신규 상장이 완료된 것은 2009년 1월 5일이다. 무상증자 직후 주가는 소폭 하락했지만 1월 내내 별다른 움직임을 보이지 않는다. 2월 들어서면서 일중 진폭이 커지기 시작하고 거래량도 증가한다. 2월 말과 3월 초에 V자 움직임을 보인 이후 주가는 400%가 넘는 수익률을 보일 때까지 거침없이 올라간다. 주인들의 물량 매집 흔적에 대해 2부에서 다시 다루겠지만 이 차트의 1월과 2월의 캔들과 거래량을 보면 힌트를 얻을 수 있을 것이다. 바로 이 기간이 대시세를 위해 물량을 모아가는 시간이었던 것이다.

한 가지만 더 부언하자면, 4월 16일의 고점에서 거래량이 어떠했는지도 눈여겨보길 권한다. 그렇게 대량 거래가 이뤄진 매물대를 넘어서기까지는 또 다시 꼬박 3개월이라는 시간이 소요됐다.

사례 3 액면분할

이번에는 빅텍이라는 종목을 통해 액면분할의 실전 사례를 알아보자. 빅텍은 전자전 시스템 및 특수 전원공급장치 등 최첨단 무기체계에 기술 경쟁력을 가지고 있는 기업이다. 1996년 1월 9일에 액면가 5,000원으로 주식 4만 주를 발행한 이후 몇 차례 유·무상증자와 액면분할을 통해 2009년 10월 현재 액면가 200원에 주식 수가 1,815만 주가 되었다.

물론 액면분할은 주식거래를 활성화시키기 위해 실행한 것이다. 이 종목의 재료와 주가의 움직임을 연관시켜 보도록 하자.

　　2008년 8월 액면분할 시점의 차트다. 분할 결정 후 거래가 재개된 시점을 보면 다음 1주일 동안 크게 하락했음이 보인다. 유통주식 수의 부담이 작용한 것이다. 하락은 이후 2개월 동안 계단식으로 이어져 1,000원대까지 깨고 내려간다. 드라마 같은 상승은 그때부터 시작되었는데 이후의 차트를 보자.

차트 1-16 | 액면분할 이후의 주가 흐름

이후 7개월 동안 최저점 대비 800% 가까운 수익률을 보였다. 그런데 자세히 보라. 실제 거래량이 집중되며 시세가 분출되는 구간은 마지막 2개월, 넓게 잡아 3개월이었다. 그전까지 4~5개월은 주가가 어느 선을 기준으로 자잘한 움직임만 보이고 있다. 또 하나 눈여겨볼 것은 이동평균선이다. 단기 폭락으로 역배열되었던 제반 이동평균선들이 연이어 크로스해가면서 정배열 상태를 만들어가고 있다. 종목의 주인들이 매집 기간 동안 무엇을 했는지 알 수 있게 하는 하나의 실마리다.

2 신기술 개발
- 장단기적 파급력을 보라

기업들은 해마다 비슷한 방식으로 사업을 영위하는 것처럼 보이지만 치열한 경쟁 속에서 살아남기 위해 끊임없이 노력한다. 변화하는 시대에 발맞추는 데 그치는 것이 아니라 그 시대를 이끄는 곳만이 생존하고 성장할 수 있기 때문이다. 어떤 CEO는 이런 명언을 남겼다. "구르지 않는 자전거는 멈추는 것이 아니라 쓰러지고 만다." 쓰러지지 않으려면 마누라 빼고 다 바꾸라는 한 재벌 총수의 파격적인 신년인사도 있었다.

기업들의 그런 노력은 주식시장에도 즉각적인 영향을 미친다. 새로운 기술을 개발했거나 새로운 시장을 개척했을 경우 주가 상승의 모멘텀이 될 것은 분명한 일이다. 그 기술이 즉시 현실화되지 않는다 하더라도 착수했다는 소문만으로도 움직일 수 있는 곳이 주식시장이다. 주가는 꿈을 먹고 자란다고 하지 않았던가.

신기술 개발 중에서도 산업에 충격을 줄 수 있는 기술 개발일수록 주가는 더 큰 탄력을 받는다. 세계 최초 신기술, 최초 특허 등은 물론 불치병이나 난치병 치료제와 관련한 기술 개발은 대형 호재라 할 수 있다. 이러한 기술적 성과는 해당 기업의 시장 장악력을 높여줄 것이기 때문에 오래도록 크게 상승하는 재료가 된다.

단, 여기서도 주의해야 할 점은 기대만으로도 주가가 움직일 수 있다는 점을 악용하여 실현 가능성이 요원한 재료를 부풀려 주가를 조작하는 경우도 있다는 것이다. 공시를 잘 살펴보면 유행 테마에 편승하고자 하는 의도가 분명히 드러난다. 전혀 다른 사업분야를 추가한다거나 실행계획이 구체적이지 않은 경우, 특히 재원 마련이 불투명해 보이는 사업계획 공시는 주식 담당자와 통화하든 뉴스를 참고하든 여러 경로로 재확인해야 한다.

사례 1 세계 최초 신기술

거래소 대형주 중 하나인 POSCO의 예를 들어보겠다. POSCO는 2007년 세계 최초로 파이넥스 공법을 완성하여 '꿈의 파이넥스'라는 이름까지 얻었다. 이 공법은 용광로를 이용하는 기존의 방식보다 처리 공정을 단순화시켜 쇳물 제조 원가가 낮을 뿐 아니라 비산 먼지도 대폭 줄어 환경친화적이다. 1조 원이 넘는 개발비를 투자했으며 2007년 4월 본격 상용화 가동을 시작했다. 지금까지 세계 제철 기술이 용광로를 개선시키는 방향으로 발전되어온 데 반해 파이넥스는 완전히 새로운 방식의 기술을 선보인 것이다.

기업의 이러한 성과는 주가에 정확히 반영된다. 차트를 보자.

    2007년 연초 30만 원대로 시작한 주가는 재료 발표 시점에는 35만 원과 40만 원 사이를 오가고 있었다. 그런데 이후 고점 76만 원대까지 100% 상승을 이뤘다. 이처럼 고가인 종목도 실적이 동반되고 세계가 주목할 만한 재료가 있다면 거침없이 상승한다는 것을 보여주고 있다.

하이닉스 역시 POSCO와 마찬가지로 거래소 대형주에 속한다. 그만큼 가볍게 움직일 수 없는 종목이라는 뜻이다. 하이닉스는 2005년 상승장에서 한차례 주가 레벨업을 거쳤지만 2007년에는 크게 빛을 발하지 못했으며 2008년 하락장에는 다른 종목들보다 큰 폭의 하락을 겪었다. 그리하여 2009년 초에는 2004년 수준의 주가에 머물러 있었다. 그러던 2009년 2월 세계 최초 1기가 DDR3 D램을 개발했다는 소식이 알려지면서 반등이 시작됐다.

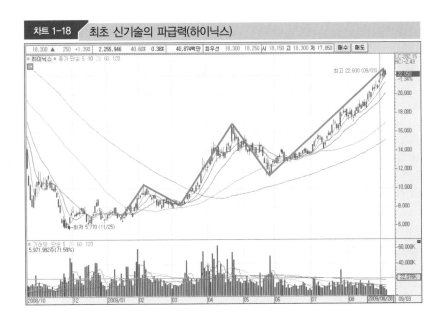

차트 1-18   최초 신기술의 파급력(하이닉스)

주가는 재료가 시장에 나온 시점부터 상승과 조정을 반복하며 3차까지 상승을 이어갔다. 2월 8일 기사가 보도된 후 1개월 정도는 오히려 하락하는 듯싶었지만 매수세가 꾸준히 유입되면서 상승을 지속했다. 하이닉스의 주가는 사실 세계 최초 개발이라는 기술력만으로 이뤄진 것은 아니다. 세계적인 반도체 가격의 상승과 하이닉스의 실적개선 기대감 등이 한데 어우러진 작품이었다. 그렇다 하더라도 삼성전자보다 앞서 신기술 개발을 완료했다는 사실은 전 세계로부터 기술력을 인정받는 계기로 부족함이 없다 하겠다.

사례 3 세계 최초 신기술

알앤엘바이오라는 기업이 있다. 2009년 1월 29일 세계 최초로 지방줄기세포를 이용하여 복제견을 만드는 데 성공해 세계의 주목을 받았다. 이전까지 체세포를 이용한 복제가 성공한 적은 있었지만 지방줄기세포는 처음이었다.

동사는 미국인 고객이 의뢰한 페키니즈종 애완견을 복제하는 데 성공했다. 여기 들어가는 비용은 무려 15만 달러에 달한다. 개 한 마리 복제해 주는데 거의 2억 정도를 받을 수 있다는 것이다. 이후 이 기업은 경기도 지역에 5,000평 규모의 세계 최대 개복제연구소를 설립키로 한다. 이를 통해 암탐지견, 마약탐지견, 석유탐지견, 화약탐지견 등 우수한 특수목적의 개들을 복제하여 공급한다는 계획을 가지고 있다. 대규모 연구소를 설립함으로써 복제 비용도 3만 달러까지 낮출 계획이다. 그러면 주식시장에서는 이 신기술을 어떻게 받아들였을까.

차트 1-19 　최초 신기술의 파급력(알앤엘바이오 1)

호재가 발표되기 전 이 종목의 주가를 보자. 계속 옆으로 기다가 소폭하락하다가를 반복하면서 그다지 눈에 띄는 움직임을 보이지 않는다. 누구도 관심을 갖고 있지 않은 소외된 종목일 뿐이었다. 그러나 이 기업의 정보를 미리 접한 이들은 은밀하게 물량을 모아가고 있었을 것이다. 재료가 발표되기 전부터 주가가 이동평균선을 돌파하면서 서서히 상승하고 있는 모습을 볼 수 있다. 매집을 마친 주인들이 서서히 주가를 올리면서 추가 매집과 본격적인 상승을 준비하고 있는 것이다.

그후 재료가 발표된 후 주가는 급상승하기 시작한다. 1,000원짜리 주식
이 단숨에 5,000원까지 올라간다. 무려 400%가 폭등한 것이다. 아까 살펴
보았듯이 대형주 같은 경우는 대형 호재라 할지라도 6개월 이상 상승을
하고도 그 상승폭이 100% 내외였다. 하지만 이런 개별주들의 상승폭은
그 차원을 달리한다. 1,000만 원을 5,000만 원으로, 1억이 단숨에 5억으
로 변하는 마술은 이와 같은 개별주에서 찾아볼 수 있다.

그런데 이것으로 끝이 아니었다. 이후의 주가 움직임을 보자.

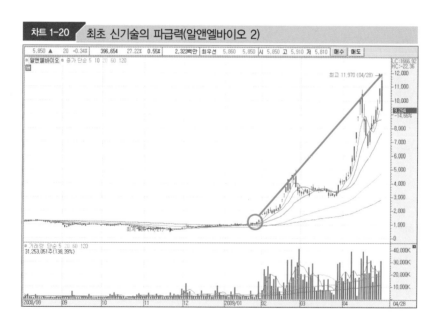

차트 1-20　최초 신기술의 파급력(알앤엘바이오 2)

1차로 400% 상승한 후 조정을 받는가 싶더니 이내 재차 상승을 시작하여 무려 12,000원에 육박하는 모습을 보여주고 있다. 1,000%가 넘는 대시세주가 탄생한 것이다. 이 종목을 1,000원에 매수했다면 엄청난 수익을 올렸을 것이다. 대박인생이 시작되는 것이다. 1차 상승 이후 눌림목에서 들어왔다고 해도 400~500%의 수익률은 거뜬했을 것이다.

주식시장에서는 신기술 개발이라는 호재를 가지고 수많은 시세주들이 탄생하고 소멸해갔다. 특히 2000년 초반에는 그 위세가 대단했다. 당시의 IT광풍이 지나간 후 앞으로는 그렇게 큰 시세를 주는 종목은 나올 수 없을 것이라고 사람들은 생각했다. 하지만 숫자는 줄었을지언정 지금도 어떤 종목에선가는 시세가 준비되고 있다. 꿈만 꾸지 말고 그 종목을 찾아낼 수 있도록 공부를 해야 한다.

3 기업 경영권 변동
- 새로운 전기인가, 폐업으로의 과정인가

'○○기업 M&A설' 등의 공시를 접한 적이 있을 것이다. 그 설은 여러 가지로 해석할 수 있는데 다른 기업에 피인수되거나 다른 기업과 합의하에 하나가 되거나 다른 상장기업을 사들여 우회상장을 꾀하는 경우 등이 있다. 어떤 방식이든 기업의 경영권 변동은 주가에 큰 충격을 준다.

M&A란 둘 이상의 기업이 단일 기업으로 통합되는 합병^{Mergers}과 한 기업이 다른 기업의 경영권을 취득하는 기업매수^{Acquisitions}를 함께 일컫는 말이다. 인수합병은 그 성격에 따라 우호적 인수합병과 적대적 인수합병이 있다. 전자는 상대 기업의 동의를 얻는 경우이며 후자는 상대 기업의 동의 없이 자산이나 주식 지분을 취득하여 경영권을 획득하는 경우를 말한다. 우리나라에서는 적대적 인수합병은 흔하지 않다. 대부분 상호간 물밑작업이 진행된 뒤에 최종 협상 결과가 공개된다. 상장기업과 비상장기업 간에는 우회상장과 펄^{pearl}이라는 단어를 접할 수 있다. 우회상장은 인수합병의 한 형태로 비상장기업과 상장기업이 결합하는 형태다. 우회상장이 성사되면 자금난을 겪던 상장기업은 신규 사업에 진출할 기회를 얻을 수 있고, 비상장기업은 '상장' 의 간접 효과로 기업을 한 단계 발전시킬 수 있다.

'펄' 은 '껍데기뿐인 조개' 를 '진주를 품은 조개' 로 탈바꿈시킨다고 해서 생긴 표현이다. 수익모델이 한계에 이른 기업 또는 향후 사업전망이 불투명한 상장기업이 현재 각광받는 산업을 영위하고 있는 비상장기업을 인수하는 방식을 말한다. 즉 알맹이는 없고 빈껍데기밖에 남지 않은 상장기업이 '새로운 성장 동력' 을 통해 도약하겠다는 의지를 보여준다. 하지만 실적호전과 사업의 지속을 위해서가 아니라 단순히 유행 테마에 편승하여 주가를 급등시킨 후 시세차익을 챙기는 것을 목적으로 하는 기업도 있다. 따라서 막연한 기대감보다는 재료를 철저히 분석한 다음 대응해야 한다.

로이(에프씨비투웰브로 사명을 변경했다)라는 기업이 있다. 2009년 7월 8일 최대주주의 지분 80만 주를 FCB파미셀, 코어비트 등에 매각한다는 계약을 체결했다. 로이의 당시 공시에 의하면 인수목적은 '경영권 취득'이라고 되어 있다. FCB파미셀은 줄기세포 치료제를 개발하는 비상장 바이오업체로 결과적으로 보면 로이를 통한 우회상장의 수순을 밟은 것이다. 로이는 운영자금 조달을 위해 제3자 배정방식으로 유상증자를 실시했다. 당시 증자에는 유명 연예인도 참여했으며 저점 대비 1,000% 가까운 폭등을 기록함으로써 세간을 떠들썩하게 했던 종목이다.

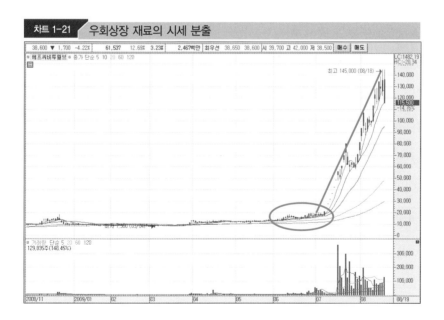

차트 1-21 우회상장 재료의 시세 분출

HTS에서 차트를 확대하여 살펴보기 바란다. 자세히 보면 경영권을 매각했다는 발표가 있기 전에 주가가 이미 움직이고 있었음을 알게 될 것이다. 정보를 미리 접한 이들이 매수를 시작한 것이다. 발표 시점에 벌써 저점 대비 두 배 정도의 가격에 이르러 있었다. 이 정도 상승했을 경우 강한 선도세력이 붙지 않았다면 재료가 발표된 이후 주가가 하락했을 가능성도 있다. 이미 100%의 시세를 얻었기 때문이다. 하지만 줄기세포 관련 업체의 우회상장이라는 재료로 이후 무시무시한 폭등세가 이어졌다.

4 산업 변화와 정부 지원
- 옥석을 가려 승선하라

산업 변화는 업종에 대한 새로운 패러다임을 형성한다. 새로운 방향의 경제성장이 진행될 뿐 아니라 세계 경제에 점진적인 영향을 준다. 물론 주식시장에도 커다란 영향을 미친다. 그러므로 기업의 가치를 평가하거나 미래의 성장 전망을 예상하는 데는 산업 변화의 추세를 꼭 살펴야 한다. 더욱이 대부분 나라에서 산업 변화의 중심에 서 있는 업종들을 국책사업으로 선정하여 다양한 지원책을 마련하곤 한다. 이는 해당 주식에 강력한 호재로 작용하기 마련이다. 이 정도의 위력을 발휘할 수 있으려면 다음과 같은 내용을 담보해야 한다.

① 산업의 패러다임을 바꿀 수 있는 획기적인 고부가가치를 지녀야 한다.

② 혁신적인 기술력으로 경쟁자의 해당 산업 진입이 어려워야 한다.

③ 글로벌시대에 맞는 성장 동력을 탑재해야 한다.

④ 장래 무한 성장성뿐만 아니라 현재 최소한 수익이 창출되고 있어야 한다.

이러한 산업으로 크게 부각되고 있는 것이 정보기술^{IT}, 바이오기술^{BT}, 나노기술^{NT}, 환경기술^{ET}, 우주항공ST, 문화산업^{CT} 등이다. 크게는 이렇게 6T로 구분하고 있지만 각각 핵심 성장산업에 대해 기술적 문제나 실현 가능성, 즉 상용화 가능성에 따라 여러 개의 작은 테마와 이슈로 나뉠 수 있다.

정보기술^{IT}의 경우 반도체, LCD, 핸드셋, 와이브로 등으로 분류할 수 있으며 바이오기술^{BT}은 신약 개발, 줄기세포, U-헬스케어, 바이오시밀러 등으로 구분되고 있다. 환경기술^{ET}도 마찬가지다. 재생에너지, 대체에너지, 하이브리드 등으로 세분화된다. 따라서 해당 산업의 추세를 알기 위해서는 계속해서 신문이나 방송 등을 통해 정보를 입수하고 관리해야 한다.

해당 업종의 수혜주에 대한 적정주가와 가치에 대한 논쟁은 예나 지금이나 끊임없이 제기되고 있다. 대부분 현재 기업 가치에 비해 지나치게 주가가 높기 때문에 쉽게 거품론에 휩싸이기도 한다. 그러나 높은 기술력, 상용화 가능성 등 객관적인 자료를 통해서, 혹은 공신력 있는 기관을 통해 성장성을 인정받을 수 있다면 폭발적인 시세 분출이 가능하다. 특히 강세장이거나 정부의 강력한 지원이 이뤄질 경우는 관련 업종 전체가 주도 테마로 부각되어 지수 상승은 물론 시장 참여자들의 투자 심리를 크게 호전시킨다. 산업 변화와 관계된 종목들의 이전 움직임을 살펴보자.

(1) 우주항공

정부는 우주개발진흥계획에 따라 2008년부터 10년간 3조 6,000억을 투자할 계획이라고 발표했다. 그 일환으로 한국인 최초 우주인 이소연 씨가 탄생했고, 우리나라 최초의 우주 발사체 나로호 프로젝트도 진행되었다. 나로호 발사는 성공하지 못한 미완의 꿈으로 남았지만 정부의 강력한 의지를 보여준 것이며, 주식시장에 미친 여파는 이전 어느 때보다 지대했다.

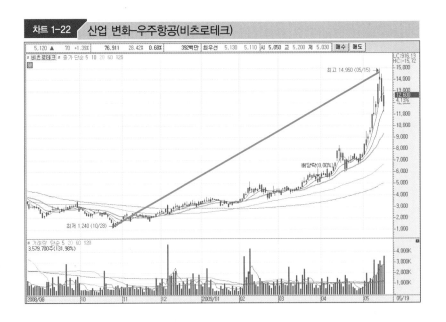

차트 1-22 산업 변화-우주항공(비츠로테크)

차트 1-22는 대표적 수혜주인 비츠로테크다. 나로호 발사 실패로 주가가 급락하기는 했지만 그전을 보자. 정부의 우주항공산업 투자가 결정되면서 1,000원대 주가가 무려 14,000원대까지 올라간다. 대박도 이런 대박을 만나기는 쉽지 않을 것이다. 이 엄청난 시세의 이면에는 정부 산업 정책의 변화라는 이유가 있었다.

이 종목은 시세가 완전히 마무리되기까지 매수할 수 있는 기회가 많았던 것이 특징이다. 만약 산업 변화와 정부정책의 의지를 읽었다면 중간에라도 참여하여 높은 수익을 올릴 수 있었을 것이다.

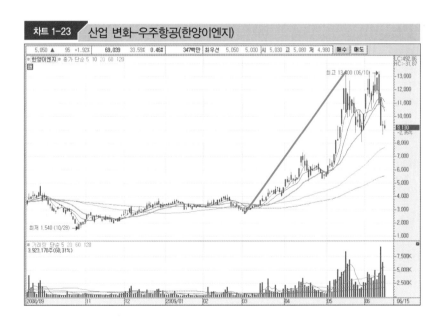

차트 1-23 산업 변화-우주항공(한양이엔지)

차트 1-23은 같은 우주항공 테마 수혜주인 한양이엔지의 주가 움직임을 보여준다. 3개월여 동안 5배 가까이 상승했다. 우주항공이라는 거대산업의 테마를 읽을 수 있었다면 이 종목도 충분히 매수에 가담하여 승부를 걸었을 것이다. 현기증 날 정도의 엄청난 상승을 보여주는 대시세주를 당신의 투자 인생에 한 번이라도 잡을 수 있을 것인가. 그것은 오로지 당신의 투자 능력에 달려 있다.

(2) 바이오시밀러

바이오시밀러란 동등생물의약품, 한마디로 바이오의약품 복제약을 말한다. 기존 합성의약품은 복제약(제네릭)을 만들 때 화학식만 알면 원본약(오리지널)과 똑같이 만들 수 있었으나 바이오시밀러는 똑같지는 않고 유사한 수준으로 복제된다. 대신 신약 개발에 비해 기간과 비용이 대폭 줄어든다는 장점이 있어서 사업전망은 밝다고 하겠다. 우리 정부는 이를 차세대 성장동력산업으로 선정하고 바이오시밀러와 관련한 제도와 가이드라인 등을 마련했다. 정부의 강력한 지원책이 발표됨과 함께 국내 대기업들도 이 분야 진출을 모색하고 있다.

차트 1-24 산업 변화-바이오시밀러(이수앱지스)

차트 1-24는 이수앱지스의 시세 분출 장면이다. 이수앱지스는 이수그 룹의 계열사로 치료용 항체 개발과 질병에 대한 개인 맞춤 진단 솔루션을 개발하는 업체이다. 삼성전자와 바이오시밀러 컨소시엄을 구성했다는 소 식과 함께 대시세주에 등극했다.

정부는 삼성전자가 바이오시밀러에 5,000억을 투자한다고 발표하자 각 종 세제 지원과 자금 지원을 하기로 결정했다. 삼성전자는 이미 삼성전자 종합기술원을 통해 바이오에 대한 연구를 진행하고 있었으며 분자의학, 임상의학, 유전체연구를 담당하는 삼성생명과학연구소를 보유하고 있다. 정부 지원금을 받는 이번 프로젝트를 통해 수조 원대의 세계 시장에 진출 하겠다는 전략이다.

(3) LED산업

정부가 LED산업을 적극적으로 육성한다는 방침을 세우면서 LED산업 발전에 가속도를 가져오고 있다. 이제까지 LED는 높은 가격 때문에 시장이 제대로 형성되지 않아 실적에 반영되기에는 무리라는 의견이 지배적이었다. 하지만 기술 발전과 함께 LED가격이 계속 내려가고 있는 추세이며, 화려하고 다양한 색감으로 소비자의 요구에 맞는 제품을 개발할 수 있기 때문에 차세대 성장분야로 그 가능성이 매우 높다고 할 수 있다. 특히 현재 세계적 키워드인 그린산업과 맞물려 정부에서도 LED, 풍력, 태양광 등을 제1그룹으로 선정한 바 있다.

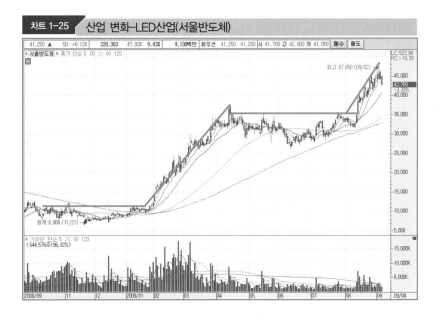

차트 1-25 산업 변화–LED산업(서울반도체)

차트 1-25를 보면 LED산업이 각광을 받으면서 해당 기업인 서울반도체의 주가가 완전히 다른 세계로 들어서고 있음을 확인할 수 있다. 연일 하락하고 바닥에서 헤매고 있던 해당 종목의 주가가 산업화의 중심에 서면서 주식 역시 시장의 중심에 선 것이다. 1만 원대였던 주가는 2개월 동안 3배가 뛰어오르고 4개월의 조정기를 거친 다음 다시 2차 시세를 보여주었다. 이 종목의 경우 해당 산업이 계속 발달한다면 실제 기업 실적도 좋아질 것이므로 주가는 조정을 받더라도 더욱 높은 주가를 형성할 수 있다. 이것이 성장산업에 해당하는 종목의 저력이다.

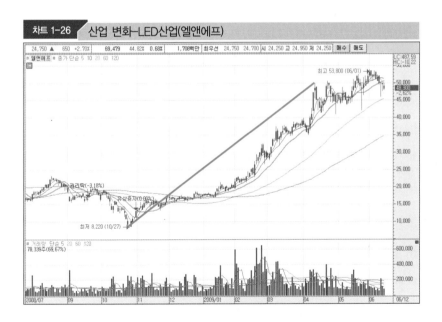

엘앤에프는 액정 평판 디스플레이 제조업체로 TFT-LCD의 핵심부품인

백라이트가 주력제품이다. 2003년 상장 이후 1만 원을 넘은 적이 몇 번 없던 종목이었는데 2009년 6월에는 5만 원대까지 치솟았다. 이러한 대시세는 우리가 지금 계속 짚어나가고 있는 여러 조건들이 부합했기 때문에 가능한 것이다.

5 정부정책의 수혜
- 장기적 국가발전 전망에서 출발하라

가장 공신력이 있는 국가인 정부에서 국책사업으로 지정하거나 경제와 산업의 육성을 위해 특정 업종이나 산업을 직간접적으로 주도하는 경우 그 파급효과는 사회 전반에 걸쳐 막대한 영향을 미친다. 특히 주식시장에서의 파급력은 지대하다고 이야기할 수 있다.

정부정책 수혜주는 실질적인 펀더멘털보다는 앞으로의 투자방안이나 활성화에 대한 기대감으로 형성되기 때문에 기업 내부의 요소보다는 외부적인 환경에 따라 주가가 급등락하는 경우가 많다. 즉 정부나 공공기관의 강한 추진력과 지원책 등으로 용이 승천하듯이 주가가 수직상승하는 경우가 많다. 예를 들어 대선에서 당선이 유력한 후보가 내세우는 공약은 당선된 이후에는 정부정책으로 탈바꿈할 가능성이 매우 높다. 선거공약은 국민들과의 공개된 약속이므로 큰 변수가 없는 한 당선자는 이를 지키기 위해 최대한 노력할 것이다. 또한 우리나라의 대선뿐만 아니라 미국의 대선, 총선의 판세도 우리 주식시장에 영향을 준다.

정부정책 수혜주는 일반 투자자가 아무 준비도 없이 발굴하기는 사실 불가능하다. 왜냐하면 정부정책이라는 것이 갑작스럽게 발표되는 경우가 많기 때문에 정보에 민감한 투자자가 아니라면 예측하기 어려운 면이 있다. 하지만 정보력이 부족하다고 이런 종목을 매매할 수 없는 것은 아니다. 정부정책이 세워지더라도 정책이 어디로 흘러갈지에 대한 고민만 있다면 이 재료가 주는 수익을 놓치지 않을 수 있다.

예를 들어보자. 이명박 정부가 들어선 이후 여러 가지 정책을 구상하였다. 그중 자본시장법 시행에 대한 정보를 얻었다면 그에 관련된 종목이 어떤 것들이 있는지 챙기는 것이다. 증권과 보험업종이 최대 수혜주가 될 것이다. 그러면 우리투자증권, 대우증권, 삼성증권, 삼성화재, 현대해상 등을 챙겨보는 것이다. 또 정부가 신도시개발과 주택공급 확대정책을 가지고 있다면 어떤 업종이 들썩거리겠는가. 당연히 건설주가 될 것이다. 그러면 현대건설, 대우건설, 대림건설 등을 찾아보는 것이다.

정부정책은 주가에 당연히 영향을 미치며 대시세를 노리는 투자자라면 이런 정보에 민감해야 한다. 이를 실마리로 삼아 끈기 있게 종목을 추적하고 적극적으로 매매에 나서야 한다. 물론 정부정책 수혜주라고 생각했는데 안 올라가거나 예상만큼 수익이 나지 않을 수도 있다. 그렇다 하더라도 종목 발굴을 게을리 해서는 안 된다. 왜냐하면 어느 종목이 당신을 대박으로 인도할지 모르기 때문이다.

정부정책 수혜주는 정부정책이 꼭 실행돼야만 주가가 움직이는 것은 아니다. 정책이 발표된 뒤 시간만 끌다가 흐지부지 되건 말건 주가에서 중요한 것은 그 종목이 시장에서 수혜주로 분류됐다는 것이다. 정책이 실제 어떻게 진행되고 해당 기업의 실적이 얼마나 좋아질지는 중요한 문제가 아니다. 주식이 시세를 분출하는 데 필요한 것은 그 종목의 재료인 것이다.

사례 정부정책 수혜

홈센타라는 종목을 보자. 제17대 대선이 한창이던 2007년, 당시 유력 후보의 대운하 공약으로 하반기 내내 시세를 주었던 종목이다.

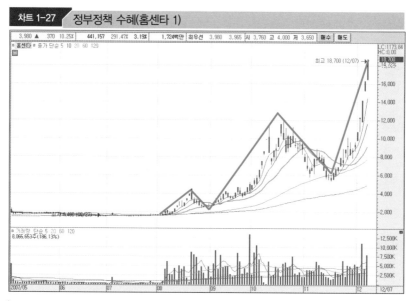

차트 1-27 정부정책 수혜(홈센타 1)

2,000원대의 주가가 대운하 수혜주로 분류되면서 4개월 만에 무려 18,000원대까지 상승했다. 상장 이후 몇 년 동안 1,000원대를 중심으로 오르내리던 이 종목은 수혜주라는 이름표를 달면서부터 정확하게 3차 상승의 파동을 그렸다. 1차 시세를 절반 정도 되돌린 다음 2차 시세를 주고 깊은 조정 후 마지막 3차는 이전 어느 때보다 힘찬 기세로 밀고 올라갔다.

차트 1-28 정부정책 수혜(홈센타 2)

그러나 반대여론에 밀려 대운하를 포기한다는 말이 나오자마자 하락은 상승보다 더한 속도로 진행된다. 팔고 싶어도 팔 수가 없는 점하한가로 이틀, 연속 6일 동안 하한가를 기록하는 동안 고점에서 뛰어든 보유자들은 어떤 심정이었을지 능히 짐작할 수 있을 것이다.

이런 재료의 종목을 매매할 때는 정책의 변경 기미는 없는지에 항상 촉각을 곤두세우고 있어야 한다. 대운하 종목은 선거 당시에는 시세를 주었지만 정작 그 후보가 대선 당선이 확정되고, 이후 정부를 꾸렸을 때에는 도리어 약세를 면치 못했다. 그 재료에 대한 기대가 이미 지나치게 주가에 반영되어버린 것이다.

6 실적호전
- 성장 가능성에 점수를 매겨라

실적발표 시즌이 되면 기업마다의 실적에 따라 주가 변동폭이 커지는데 실제 수치가 나올 때보다 예상치에 의해 등락을 거듭하는 경우가 더 많다. 실적호전은 기업의 주된 영업을 통해서 기본적 가치가 높아졌다는 의미이므로 당연히 상승 재료가 된다. 특히 적자를 지속하던 기업이 흑자로 돌아서거나 예상을 뛰어넘는 엄청난 실적을 거둔 기업은 모두의 주목을 받게 된다. 또 한편으로 기관이나 외국인들은 실적을 보고 포트폴리오를 재구성하는데 이들의 매매 종목에서도 힌트를 얻을 수 있다.

약세장 또는 변동성이 큰 장에서는 성장성과 수익성을 모두 지닌 실적호전주 위주로 자금이 몰리면서 지수와 상관없이 차별화된 종목별 장세가 연출되기도 한다.

실적호전주가 되기 위해서는 다음의 5가지 조건을 충족해야 한다.

① 매출액, 영업이익이 꾸준히 증가해야 한다.

② 단기간이 아닌 안정적인 수익구조가 형성이 되어야 한다.

③ 성장 동력으로 작용할 수 있는 사업을 영위해야 한다.

④ 시장 외부의 변수에 제한적이어야 한다.

⑤ 시장의 경쟁구도에서 우위를 점하고 있어야 한다.

턴어라운드란 장기간 적자 상태를 보이던 기업이 흑자로 전환된 것을 말한다. 강도 높은 구조조정으로 부실사업을 정리하고 성장성과 수익성 높은 사업 위주로 재편하여 펀더멘털이 좋아지거나 글로벌 경기 흐름에 발맞춰 실적을 향상시키는 등 생존을 위한 치열한 자구책을 마련한 결과다. 흑자비율이 높고 지속성이 강할수록 실적호전에 따른 기대감과 향후 성장성이 높게 평가되며 주가 역시 탄력적인 상승을 보여준다.

하지만 흑자로 전환되었다고 해서 무조건 턴어라운드주로 보면 큰 낭패를 볼 수 있다. 똑같은 흑자전환이라도 주된 사업을 통해 매출액이 증가하고 영업이익이 호전된 것인지를 반드시 확인해야 한다. 만약 자산매각과 같은 반짝 이벤트에 의한 것이라면 주가 역시 예전으로 원위치되기 때문에 이들 기업은 피하는 것이 상책이다.

어닝 서프라이즈란 시장에서 예상했던 것보다 우수한 실적을 발표했을 때를 말한다. 지난 분기보다 반드시 몇 배 이상 높아야 한다는 의미가 아니라 저조한 실적이라도 시장의 예상을 뛰어넘는다는 의미다. 어떤 기업의 실적 예상치가 100억이라 하고, 주가도 이에 맞춰 적정선인 5,000원을 유지하고 있다고 해보자. 그런데 실제 발표된 액수는 예상치의 2배인 200억이었다. 실적 예상치를 내놓는 곳은 주먹구구식으로 대충 계산하는 구멍가게들이 아니다. 난다 긴다 하는 수치 전문가들, 그중에서도 기업 성과 측정에 일가견이 있는 증권사들이다. 그런데 그들조차 예상 못한 수준의 어닝(실적)이라면 누구라도 '서프라이즈' 하지 않겠는가. 때문에 주가의 적정선이 상향하는 것은 물론 기대치까지 합세해 큰 시세를 내기 마련이다.

반면 어닝 쇼크라는 것도 있다. 시장의 예상치보다 실적이 저조할 경우다. 이것 역시 기준점은 기업의 실적이 지난 분기보다 적다는 뜻이 아니라 기대치에 미치지 못했다는 것이다. 아무리 좋은 실적을 기록했더라도 시장의 기대치를 충족시키지 못한다면 그 주식은 하락을 면키 어렵다.

사례 1 턴어라운드

효성이라는 기업을 살펴보자. 2008년 3분기에 매출 1조 8,192억 원, 영업이익은 1,042억 원을 달성했다. 전년 동기 대비 매출 38.2%, 영업이익 81.9%가 늘어난 수치다. 사업 부문별로 살펴보면 중공업 부문에서 초고압

변압기, 차단기, 대형 전동기, 발전기 등의 수주가 이어졌고 고효율 전동기의 양산체제가 갖춰지면서 이 부문에 대한 수익성 확대로 기대되고 있다. 화학 부문에서는 폴리프로필렌의 고수익 특화품의 판매가 호조되고 특히 필름 부문의 생산이 늘어나면서 턴어라운드에 성공했다. 산업자재 부문에서는 글로벌 기지의 생산 효율화와 함께 환율 상승으로 가격 경쟁력까지 확보한다. 이대로 진행된다면 연간 매출 6조 원을 달성할 분위기였다.

차트 1-29　턴어라운드(효성)

차트 1-29를 통해 3분기 실적이 발표된 시점의 주가를 보자. 2007년 레벨업 이후 7만 원선을 중심으로 오르내리던 주가는 2008년 하락장에서 급락하여 반토막도 안 되는 가격에 거래되고 있었다. 원으로 표시된 부분이 실적 발표 시점이다. 이때 거래량이 급증하면서 매집의 흔적이 나타나고 있다. 대형주답게 이후 반년에 걸쳐 점진적인 상승을 보여주고 있다. 2만 원대에서 11만 원대까지 꾸준히 올라간 것이다.

주가가 급락했을 때는 모두가 '이 종목은 끝났다'라고 판단했을 것이다. 그러나 실적이 받쳐주고 주가 급락 지점에서 주요 주체의 진입으로 판단할 수 있는 대량 거래가 터지면서 주가는 대시세를 준비했다. 대시세는 이렇게 준비된 종목을 발굴할 수 있는 능력을 가진 자만이 차지할 수 있는 것이다. 이렇게 엄청난 상승을 하는 동안 이 종목이 왜 올라가는지, 추가 상승 여력이 있는지 여부를 판단하지 못했다면 아직 공부를 한참 해야 한다.

사례 2 어닝 서프라이즈

삼성전자는 한국을 대표하는 기업 중 하나로 우리 주식시장의 바로미터라는 위상을 갖는다. 그래서 삼성전자의 실적은 시장 참여자들에게 초미의 관심사가 되며 각 증권사는 심혈을 기울여 실적 예상치를 발표한다.

2009년 위기의 경제상황에서 삼성전자는 1분기에 흑자전환을 기록하면서 뛰어난 위기관리 능력을 보여주었다. 그리고 2분기 실적발표 시점이 되자 각 증권사는 다음과 같은 추정실적을 내놓았다.

표 1-1　증권사별 추정실적

(본사 기준, 단위: 십억 원)

	매출액	영업이익	영업이익률(%)
교보	20,412	1,234	6.0
대신	20,233	1,887	9.3
동부	20,908	1,683	8.0
모건스탠리	21,164	1,661	7.8
신영	20,056	1,167	5.8
유진	19,404	1,314	6.8
하나대투	20,234	1,380	6.8
하이	19,829	1,352	6.8
한국	19,831	1,089	5.5
한화	20,077	1,300	6.5
현대	20,713	1,303	6.3
HMC	19,789	1,364	6.9
NH	20,500	1,250	6.1
평균	20,242	1,383	6.8

　13개 증권사는 평균적으로 매출액 20조 2,420억 영업이익 1조 3,830억을 예상했다. 그런데 삼성전자에서 발표한 실적은 매출액 32조 5,100억 영업이익 2조 5,200억이었다. 시장의 전망을 완전히 뛰어넘는, 한마디로 어닝 서프라이즈가 무엇인지를 보여준 셈이었다.

　이 같은 실적은 휴대전화와 평판TV 등 완제품 부문이 주도했다. 특히 휴대전화는 정보통신 부문에서 전체 영업이익의 절반을 차지할 정도로 실적이 우수했다. 반도체와 LCD 등 부품 부문에서도 적자를 기록한 지 3분기 만에 흑자로 돌아서면서 어닝 서프라이즈에 한몫했다.

실적발표와 함께 삼성전자 주식에는 '꿈의 주가 100만 원' 보고서가 쏟아졌다. 당시의 주가 흐름을 살펴보자.

차트 1-30 어닝 서프라이즈(삼성전자)

2009년은 위기라는 말이 곳곳에서 떠돌던 경제상황이었지만 2008년 대폭락을 딛고 시장은 서서히 반등해왔다. 삼성전자 역시 연초의 저점으로부터 50% 정도 상승한 지점이었다. 움직임이 무거운 종목임에도 실적발표 후 사상 최고점인 80만 원대를 돌파함으로써 어닝 서프라이즈의 힘을 과시했다.

우리이티아이는 코스닥 대형주에 속한다. 우리조명 계열사로 LG디스플레이를 거래처로 확보하고 있는 LCD부품 제조업체다.

우리이티아이는 2008년 3분기 어닝 서프라이즈를 기록하면서 7분기 연속 호실적을 보여줬다. 하지만 공급과잉에 따른 단가 인하 압력 때문에 증권사로부터 그리 높은 평가는 받지 못했다.

이후 주당 100원의 현금 배당을 했을 뿐만 아니라 4분기 실적도 시장의 기대를 충족시켰다. 이후 LCD TV 시장의 수혜주로 분류되면서 2,000원대 초반에서 11,000원대까지 시세를 거침없이 분출했다. 이 종목은 어닝 서프라이즈가 바로 주가에 반영되지는 않았다.

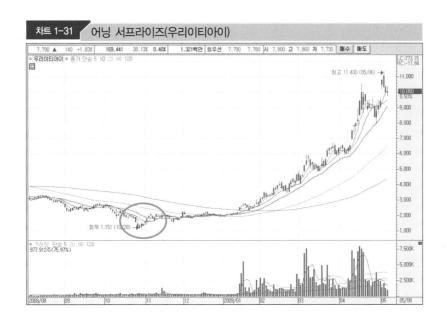

차트 1-31　어닝 서프라이즈(우리이티아이)

차트 1-31에서 보듯이 실적이 발표되고 일정 기간이 지난 이후 주가가 움직이는 것을 확인할 수 있다. 어닝 서프라이즈를 달성한 모든 종목이 바로 반응하는 것은 아니다. 뒤늦게 반영되는 경우도 있고 미리 반영되는 경우도 있고 반응하지 않는 경우도 있다. 시장의 상황과 기업의 앞으로의 실적에 따라 달리 결정되기 때문이다.

직장인이었던 나에게 주식이란 그들만의 리그였고 딴 세상의 일이었습니다. 그런데 지수가 2000포인트를 오르락내리락 하던 즈음 동료들의 투자 성공담에 나도 발을 들여놓게 되었지요. 아무것도 모르는 쌩초보였던 데다 장중 주가 흐름을 모니터링할 수도 없는 상황이었지만 시장이 좋다는 것만 믿고 지나치게 적극적으로 나선 것이 화근이었습니다. 어쩌면 당연한 결과겠지만 몇 개월 만에 투자금의 반을 날리고 말았죠.

그때서야 다른 사람의 말만 믿고 투자하거나 추천해주는 종목을 따라 사서는 절대 안 된다는 사실을 깨닫고 공부를 시작했습니다. 그때 우연히 다음 카페 '증권정보채널'과 인연을 맺었고 저자님도 알게 되었습니다. 당시 방장이셨던 짱(ZZANG)님의 오프라인 강의에 참석하고 이종형 저자님의 '증권사관학교 X파일' 동영상 강의를 열심히 들으면서 기초부터 차근차근 다져갔습니다. 또 카페에는 예상 외로 드러나지 않은 고수들이 많았는데 우왕좌왕하는 초보들에게 애정 어린 조언을 해주고 계셨습니다. 이런 인연으로 저는 손실을 회복한 것은 물론 서서히 수익을 쌓아가고 있는 중입니다.

첫 번째 책 『실전 증권사관학교 X파일』이 투자금을 잃지 않게 해주는 '방패'라면 이 책은 투자금을 몇 배로 늘려줄 수 있는 전략적 무기, '창'이 될 것이라 생각합니다.

— 초롱깨비

시세 분출이 임박한 종목을
어떻게 **발굴**하는가?

알짜정보, 전자공시는
꼭 챙겨라

1 공시는 과연 뒷북일까?

주식을 조금 안다 하는 사람들은 흔히 공시 보고 투자했다간 영원히 뒷북 신세를 면치 못한다고 말한다. 공시는 이미 알 만한 사람들은 다 알고 있는 죽은 정보이므로 돈을 벌기 위해서는 남들이 알지 못하는 내부정보를 알아내야 한다고 생각하는 투자자들이 의외로 많다. 그래서 증권사 직원에게 매달리거나 각종 주식정보 사이트에 비싼 회비를 내면서 특급 정보를 얻으려고 애를 쓴다. 그러나 잘못된 정보나 검증되지 않은 루머를 붙들고 있다가 대응이 늦어지면서 손실을 보는 경우가 대부분이다. 정말 기업들의 공시는 뒷북이고 주식을 팔기 위한 작전의 마지막 단계일까?

언젠가 세계 최고의 투자자인 워렌 버핏은 연례 컨퍼런스에서 한국 주식시장의 공시가 최고 수준이라는 극찬을 아끼지 않았다. 실제로 워렌 버핏은 공시에 기초해 한국 기업에 투자했다. 2004년에 1억 달러로 POSCO와 몇몇 한국의 대표주식을 매입했는데 2006년 증시 랠리와 더불어 환차익으로 상당한 수익을 거두었다. 워렌 버핏은 당시 이렇게 말했다.

"한국은 나에게 이중으로 돈을 벌게 해줬다. 난 한국을 사랑한다. 세계 어디에서도 한국처럼 기업에 대한 궁금증을 인터넷으로 바로 확인할 수 있도록 해주는 나라는 없다. 투자자가 기업정보를 얻기엔 미국보다 한국이 더 낫다."

세계적인 투자의 대가가 말했듯이 우리나라의 공시 시스템은 다분히 선진적이다. 금융감독원 전자공시 사이트(dart.fss.or.kr, 그림 2-1)와 한국거래소(krx.co.kr, 그림 2-2)에는 기업실적은 물론 기업의 여러 가지 정보가 자세히 공개되어 있다.

문제는 공시 자료에 대한 분석 능력이다. 똑같은 자료라 해도 그것을 해석하는 능력에 따라 누구에겐 독이 되고 누구에겐 약이 된다. 처음부터 뛰어난 해석 능력을 발휘하는 사람은 없다. 자주 들여다보고 공시가 뜰 때마다 시장의 반응이 어떠한지 잘 살펴보는 것이 최선의 방법이다. 이렇게 꾸준히 하다 보면 베테랑 애널리스트 뺨치는 안목을 키울 수 있다.

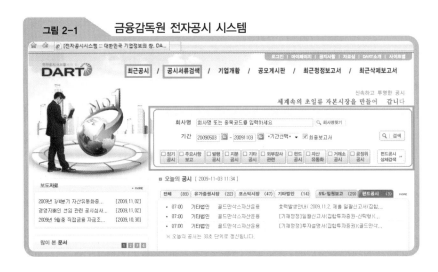

그림 2-1　금융감독원 전자공시 시스템

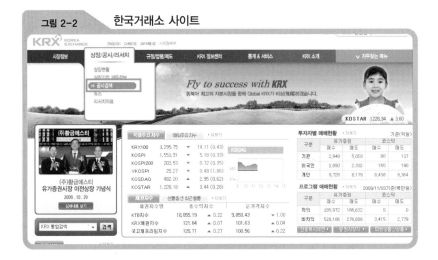

그림 2-2　한국거래소 사이트

2 기업 공시는 알짜정보이며 돈이다

보유 종목에 대한 공시를 놓치지 않으려면 금융감독원이 무료로 운영하고 있는 전자공시 사이트를 적극 활용해야 한다. 거래소와 코스닥에는 총 1,800여 개의 종목이 있다. 이들 종목은 하루에도 수많은 공시를 발표하고 간혹 정정공시를 내기도 한다. HTS를 보자면 뉴스창이 단 몇 초도 쉬지 않고 팝업되는 것을 알 것이다. 이처럼 수많은 공시 속에서 어떤 공시가 호재인지, 호재라면 과연 어느 정도의 모멘텀을 내포하고 있는지 등을 잘 파악해야 한다. 공시 내용에 따라 중요도와 의미를 정확하게 간파하는 것이 시세주 발굴의 기본 요건이라 할 수 있다.

많은 투자자들이 쉽게 생각하고 넘어갔던 공시가 나중에 큼지막한 재료가 되어 주가에 엄청난 영향을 미치는 경우가 왕왕 있다. 그만큼 공시는 두말할 나위 없이 소중하고 값진 투자 정보의 하나다. 따라서 공시를 해석할 수 있는 능력이 절대적으로 필요하다.

고수들은 공시를 통해서 많은 투자정보를 얻는 데 반해 개인 투자자들은 지금 이 순간에도 공시를 너무나 쉽게 여기며 흘려보낸다. 너무나도 안타까운 일이다. 이 책을 읽는 독자는 반드시 명심하길 바란다. 공시는 단순한 기사나 뉴스 페이지를 채우기 위한 의미 없는 페이퍼가 아니다. 대시세 종목 발굴의 발판이자 기업 활동의 종합보고서로서 돈과 직결되는 알짜정보인 것이다.

그림 2-3 영업실적 공정공시

영업(잠정)실적(공정공시)

※ 동 정보는 잠정치로서 향후 확정치와는 다를 수 있음.

1. 실적내용

구분(단위 : 백만원, %)		당기실적 ('09.3Q)	전기실적 ('09.2Q)	전기대비증감율	전년동기실적 ('08.3Q)	전년동기대비증감율
매출액	당해실적	248,620	210,196	18.3	192,562	29.1
	누계실적	644,479	395,859	-	545,026	18.2
영업이익	당해실적	27,674	10,636	160.2	10,234	170.4
	누계실적	39,786	12,112	-	50,712	-21.5
법인세비용차감전순이익	당해실적	42,730	25,263	69.1	14,009	205.0
	누계실적	74,820	32,090	-	65,908	13.5
당기순이익	당해실적	37,231	22,535	65.2	12,187	205.5
	누계실적	65,958	28,727	-	55,481	18.9
-						
정보제공자		IR팀				
정보제공대상자		국내외 투자자 및 언론 등				

그림 2-3은 비교적 자주 접하는 공시 중의 하나다. 숫자 하나하나를 음미해본 적이 있는가? 매출액이나 영업이익이 늘었다면, 혹은 줄었다면 그 원인은 어디에 있는지를 추적해본 적이 있는가?

누군가는 이런 공시를 무시하고 넘어가고 누군가는 의미를 파악하려 애쓰면서 주가의 움직임을 머릿속에 그려 넣는다. 당신이 주식시장에서 정말 돈을 벌고 싶다면 이런 공시 하나를 보고 해당 회사의 전체적인 움직임을 파악할 정도가 돼야 한다. 운이 좋아 한 번은 대시세 종목을 잡아 돈을 벌 수 있을지 모르지만 꾸준히 벌려면 오로지 노력밖에 없다. 다음 페이지에서는 반드시 살펴봐야 할 공시의 핵심에 대해 설명하겠다.

3 전자공시 핵심 체크

(1) 5% 이상 지분 매입 신고 공시/적대적 M&A

증권거래법상 해당 기업의 지분을 5% 이상 취득 시에는 매수 시점의 결제일 기준으로 7일 안에 증권거래소에 의무적으로 신고를 해야 한다. 또한 신고사항에서는 매수 수량과 매수 단가 등의 내용을 전자공시를 통해 반드시 공시하도록 명시되어 있다.

금감원에서 운영하고 있는 전자공시를 보면 과점주주에 대한 신고사항이 있는데 공시 내용 중에서 특히 '신고대상자'와 '매입목적'을 살펴야 한다. 신고대상자가 회사의 주요 임원이나 특수관계인이 아니라 일반 투자자이거나 경쟁업체나 기타법인과 같이 불특정한 매수 주체가 많은 지분을 취득할 시에는 특히 유의해서 보아야 한다. 이 경우 경영권 획득 목적 또는 매집세력으로 추정할 수 있다.

신고대상자가 회사 관계자가 아닌 기타투자자나 법인일 경우 '매입목적'에 기재된 내용을 토대로 정확한 매수목적을 알 수 있다. 예를 들어 단순투자 목적일 경우에는 해당 기업의 시세차익만을 노리고 지분을 투자한 것으로 볼 수 있다. 하지만 경영참여 목적일 경우에는 해당 기업의 주가만이 아니라 경영에도 관심이 있다는 증거다. 이 경우 경영권 확보를 위해 추가 매집을 하여 현재 경영권을 위협하고 적대적인 M&A를 시도하면 지분경쟁이 기사화되면서 시장에서 주목받게 된다.

한신기계라는 기업이 있다. 이틀 간격으로 다음과 같은 공시가 나왔다.

그림 2-4 **주식등의 대량보유상황보고서**

3. 보유주식등의 수 및 보유비율

보고서 작성기준일		보고자		주식등의 비율		주권의 비율	
		본인 성명	특별관계자수	주식등의 수 (주)	비율 (%)	주식수 (주)	비율 (%)
직전보고서	2008년 07월 04일	힐릭스에셋 유한회사	2	1,498,740	5.24	1,498,740	5.24
이번보고서	2008년 08월 20일	힐릭스에셋 유한회사	3	1,801,160	6.30	1,801,160	6.30
증 감				302,420	1.06	302,420	1.06

4. 보유목적

(1) 보유목적의 개요(회사 또는 그 임원에 대하여 사실상의 영향력 행사 목적 여부)

I . 이사 또는 감사의 선임·해임 또는 직무의 정지	있음
II . 이사 및 이사회 등 회사의 기관과 관련된 정관의 변경	있음
III . 회사의 자본금의 변경	있음
IV . 회사의 배당 결정에 대한 영향	있음
V . 회사의 합병(간이합병 및 소규모합병을 포함한다) 및 분할	없음
VI . 주식의 포괄적 교환 및 이전	없음
VII . 영업의 전부 또는 중요한 일부의 양수 또는 양도	없음
VIII . 자산의 전부 또는 중요한 일부의 처분 또는 양도	있음
IX . 영업의 전부 또는 중요한 일부의 임대, 경영 위임 또는 타인과 영업의 손익 전부를 같이 하는 계약 기타 이에 준하는 계약의 체결, 변경 또는 해약	있음
X . 회사의 해산	없음

그림 2-5 **공시(소송등의 제기·신청)**

소송 등의 제기·신청

1. 사건의 명칭	임시주주총회소집허가신청
2. 원고·신청인	힐릭스에셋유한회사
3. 청구내용	신청인 힐릭스에셋유한회사에게 아래사항을 회의의 목적사항으로 하는 임시주주총회소집을 허가한다.
	1.집중투표제 배제 정관 삭제(정관 제29조 제3항)
	2.정관상의 이사 정족수 증원(정관 제28조)
	3.정관상의 감사 정족수 증원(정관 제28조)
	4.신규이사 선임
	5.대표이사 해임
	6.감사 해임
	7.신규감사 선임
	8.자사주의 보유목적 변경 및 소각결의
	9.신규투자의 심사를 관장하는 독립적인 투자위원회 설치 정관 신설
	라는 재판을 구합니다.
4. 관할법원	수원지방법원
5. 향후대책	당사는 소송대리인을 선임하며 대응할 예정입니다.
6. 제기·신청일자	2008년 08월 14일
7. 확인일자	2008년 08월 22일

헬릭스에셋이라는 투자회사가 경영권을 빼앗기 위해서 한신기계 지분 5.24%를 확보하고 임시주총을 요구했다. 만약 거부할 경우 한신기계공업 대표이사의 직무정지 가처분을 법원에 신청하고 임시주주총회소집허가신청을 할 예정이라고 통보했다. 헬릭스에셋이 이러한 요구를 하는 것은 현 경영진의 방만한 경영과 이사회 구성이 부적절하다는 것이었다. 하지만 이는 명목상의 요구일 뿐 소위 말하는 기업사냥꾼이 적대적 M&A를 시도하는 것이다.

한신기계는 공기압축기 전문 제조업체로 독과점적인 지위를 차지하고 있는 우량기업으로 평가받는다. 그러나 경영인의 지분이 워낙 적기 때문에 5%의 지분으로도 충분히 경영권을 위협할 수 있었다. 이처럼 우리나라에서도 기업사냥꾼이나 슈퍼개미라 불리는 투자자들이 기업 소유구조의 허점을 노리고 경영권을 공격하는 경우가 간혹 있다.

차트 2-1   적대적 M&A 시도(한신기계)

헬릭스에셋이 지분을 매집하는 시기부터 주가가 움직이기 시작하더니 적대적 M&A를 발표하는 순간까지 100% 이상 상승하였다. 기업을 공격하기 위한 지분 매집이 주가를 어떻게 움직이는지 잘 알 수 있게 하는 종목이다. 지분을 늘려가는 동안 매수세가 붙기 때문에 당연히 주가가 상승할 것이다. 은밀히 한다 하더라도 주가를 전혀 움직이지 않고 매집한다는 것은 불가능하기 때문에 티가 나기 마련이다. 다만 어떤 목적으로 매집하고 있는지를 모를 뿐이다. 하지만 이 종목은 매집하는 과정이 눈에 보이기 때문에 민감한 투자자라면 기업 내부에 어떤 변화가 있다는 것을 직감하고 대응했을 것이다.

지금은 우원인프라로 사명이 바뀐 휴람알앤씨도 적대적 M&A에 휘말린 적이 있다. 개인 투자자인 정모 씨가 1,244만 주(29.10%)를 보유하고 있다가 227만 2,399주(5.31%)를 추가 매집하면서 지분을 34.41%까지 확대했고 최대주주 자리에 올라섰다. 그가 경영참여 목적이라고 발표하면서 이 기업은 적대적 M&A에 휘말렸다. 정 씨는 법률대리인에게 적대적 M&A라고 밝히고 소송을 준비해달라고 했다. 이후 정 씨는 또 262만 주의 추가 매집을 통해 지분을 무려 40.54%까지 늘리면서 공격적으로 기업인수를 시도하였다.

차트 2-2 적대적 M&A 시도(휴람알앤씨)

원으로 표시된 부분에서 주가가 잠깐 급등하더니 이내 3개월 정도 긴 하락을 이어간다. 이 구간에서는 단기 매매자도 돈을 벌기 어려웠을 것이다. 긴 하락을 마무리하고 주가가 상승으로 돌아선 후 1번 구간에서 적대적 M&A를 위해서 지분을 집중적으로 매집한다. 이때 주가가 크게 올라가는 것을 알 수 있다. 이후 적대적 M&A가 알려지면서 주가는 수직으로 상승한다. 200원대에서 2개월도 안 되는 기간 동안 무려 1,900원대까지 치솟았다.

불과 5%의 지분을 매집해놓고 적대적 M&A를 선언한 다음 시세차익을 얻은 후 빠져나오는 것이 슈퍼개미의 특징이라면 이 종목은 진짜 경영권을 확보하기 위해서 지분을 40%까지 늘리는 공격적인 매집이 이뤄졌다. 시세차익을 얻기 위한 지분 매집과 진짜 경영권을 뺏기 위한 매집의 주가 상승의 차이를 알 수 있을 것이다.

(2) 생산설비 현황

사업보고서를 보면 '사업의 내용'이라는 항목이 있는데 이 중에서 '생산 및 설비에 관한 사항'을 유의해서 보아야 한다. 원래 이 항목은 공장이나 제품에 대한 가동률을 알기 위한 것이다. 그런데 최근에는 신도시 계획이나 경제특구 개발이 활발하게 진행되면서 부동산의 위치와 장부상의 가치 등을 알아내기 위해 많이 사용된다.

해당 기업의 생산 활동을 위한 토지 및 구축물에 대한 상세 내역은 물론 장부상 평가액도 알 수 있다. 때문에 자산가치주를 찾는 데 매우 유용하게 사용된다.

그림 2-6　공시(생산설비 현황)

(3) 타법인 출자 현황

사업보고서를 보면 '이사회 등 회사의 기관 및 계열회사에 관한 사항'이 있는데, 이 중에서 '타법인 출자 현황'을 살펴보아야 한다. 이 항목으로 지주회사나 자회사의 지분법 평가 이익을 알 수 있으며 자회사 투자목적과 지분 등을 통해 관계회사의 종속관계를 파악할 수 있다.

그림 2-7 공시(타법인 출자 현황)

3. 타법인출자 현황

[2008. 12. 31 현재] (단위 : 천주, 백만원, %)

구분	계정과목	법인명 또는 출자목적명	출자목적	기초잔액 수량	지분율	장부가액	증가(감소)내역 수량	취득(처분)가액	기말잔액 수량	지분율	장부가액	피출자법인의 최근사업연도 당기순이익	비고
국내 매도가능	상장	삼성SDI㈜	경영참가 등	9,283	19.68	893,419	0	-19,340	9,283	19.68	874,079	38,874	
		삼성전기㈜	경영참가 등	17,693	22.80	445,205	0	39	17,693	22.80	445,244	48,080	
	비상장	삼성광주전자㈜	사업관련	38,516	94.25	674,574	0	8,095	38,516	94.25	682,670	6,833	
	상장	삼성카드㈜	경영참가 등	43,393	36.87	1,436,087	0	19,398	43,393	35.29	1,455,485	297,913	
	상장	삼성테크윈㈜	경영참가 등	19,604	25.46	258,411	0	14,422	19,604	25.46	272,833	73,823	
	비상장	스템코㈜	사업관련	2,448	51.00	32,378	0	346	2,448	51.00	32,724	1,519	
		세메스㈜	사업관련	1,277	63.87	-17,781	0	-7,045	1,277	63.87	-24,829	22,808	
		서울통신기술㈜	사업관련	3,933	35.76	47,020	0	9,109	3,933	35.74	56,129	22,213	
		삼성경제연구소㈜	경영참가 등	3,576	29.80	34,535	0	-9,593	3,576	29.80	24,942	42	
		삼성에스디에스㈜	경영참가 등	11,978	21.27	178,123	0	45,253	11,978	21.27	223,376	232,968	
		삼성네트웍스㈜	경영참가 등	23,956	23.07	61,205	0	6,803	23,956	23.07	68,007	56,956	
		삼성라이온즈㈜	경영참가 등	55	27.50	0	0	-102	55	27.50	-102	-374	
		제크㈜	사업관련	405	50.63	2,374	0	-2,175	405	50.63	198	-5,532	
		삼성전자서비스㈜	사업관련	6,000	83.33	46,020	0	2,100	6,000	83.33	48,121	2,269	
		에이엠젠코리아㈜	사업관련	3,440	20.00	35,245	0	41	3,440	20.00	35,286	14,879	
		삼성코닝정밀유리	경영참가 등	7,512	42.54	1,246,710	0	524,498	7,512	42.54	1,771,209	1,828,627	
		삼성탈레스㈜	경영참가 등	13,500	50.00	128,020	0	18,936	13,500	50.00	146,956	37,851	
		리빙프라자㈜	사업관련	767	100.00	125,180	0	-7,657	767	100.00	117,523	-6,475	
		삼성전자로지텍㈜	사업관련	1,011	100.00	39,745	0	6,923	1,011	100.00	46,669	6,894	
		부광 1호 부동			50.00	10,500	0	-105		50.00	10,395	650	
		SVIC 4호 투자조합	사업관련	1	65.67	112,102	0	-10,009	1	65.67	102,093	-2,172	
		SVIC 5호 투자조합	사업관련	0.3	99.00	13,996	0	-13,996	0	0.00	0		청산

(4) 연구개발 활동

해당 회사의 기술력을 알 수 있는 항목이다. 특히 제약회사 또는 신기술, 정부 국책사업 등 앞으로 주가에 강한 임팩트로 작용될 수 있는 재료를 파악할 수 있다. 반드시 체크해야 할 중요한 항목의 하나다.

사례 연구개발 활동

2009년 1월 서울제약은 다음과 같은 공시를 하였다(그림 2-8).

포스텍(포항공과대학교)이 동아대와 공동으로 개발하고 있던 새로운 패

그림 2-8 공시(연구개발 활동)

기술도입 · 이전 계약 체결

1. 구분		기술도입계약
2. 계약상대방		포항공과대학교, 동아대학교
- 회사와의 관계		-
3. 기술의 주요내용	도입 · 이전 대상	패혈증을 포함한 감염질환에 치료효과가 있는 렙타이드 화합물
	도입 · 이전 방법	국내외 전용 실시권 및 사업권 확보
4. 계약의 주요내용	계약조건	- 선급기술료 : 일억원(본 계약 체결 후 15일 이내) - 경상실시료 : 1)연간 순매출액이 200억 원 미만일 경우 6% 2)연간 순매출액이 200억 원 이상 500억 원 미만일 경우 7% 3)연간 순매출액이 500억원 이상일 경우 8% - 단계별실시료 : 삼억원(회사가 직접 개발을 수행한 첫번째 국가에서 .제조 및 판매를 위한 승인을 득한 후)
	계약기간	시작일 2009-01-22
		종료일 -
5. 계약체결일		2009-01-22

혈증 치료제 후보물질을 서울제약에 기술이전 한다는 내용이다. 포스텍은 정부의 지원을 받아 패혈증 치료제를 개발해왔었다. 중증 패혈증 치료제 는 다국적 회사에서 판매하고 있었지만 치료율이 낮고 가격도 비싸 국산 치료제 개발에 나선 것이다. 패혈증 치료제 시장은 2010년에는 30억 달러 라는 큰 규모에 이를 것으로 예상되고 있다.

이 기술을 이전받아 치료제로 시판한다면 서울제약의 매출이 늘어날 것이고 당연히 주가도 부응할 것이다. 이 소식에 주가가 어떻게 움직였는 지 살펴보자.

바닥을 형성하던 주가가 6거래일 만에 2.5배나 뛰어올랐다. 1월 21일 장중에 뉴스가 보도됐지만 이미 일반 투자자들은 매수할 수 없는 상황이 되어 있었다. 그리고 이튿날부터 점상한가 행진이 이어졌기 때문에 미리 진입해 있던 투자자가 아니라면 구경만 할 수밖에 없었다. 그런데 저 공시를 처음 접했을 때 이 정도의 시세가 나오리라고 예상한 이들은 몇이나 될까? 이 종목의 과거 주가를 한번 살펴보자.

어떤가. 거의 1년 6개월이 넘게 하락하면서 주가가 7분의 1토막이 됐다. 이 기간 동안 보유한 투자자가 있었다면 얼마나 고통스러웠겠는가. 이처럼 기업의 실적으로 이어질 수 있는 기술의 개발이나 도입은 대시세의 중요한 시발점이 된다.

대시세를 노리려면 끊임없이 하락하고 횡보하는 종목의 변화의 시점을 찾는 소위 길목 지키기 전략을 구사해야 한다. 그러기 위해서는 기업의 여러 가지 공시나 변화를 계속 주시하고 있어야 한다. 모든 공시는 비슷한 양식에 간명한 사실만 기입되어 있을 뿐이다. 가치가 높은 공시라고 해서 별표를 달아주거나 형광펜으로 주의를 환기시키지도 않는다. 용어 하나하나를 짚어가면서 그 함의를 따지면 반드시 얻는 게 있다.

(5) 사업목적 변경 및 추가

기존의 사업에 한계를 느낀 기업들이 신사업에 뛰어들 경우 그 사업이 잘 된다면 새로운 성장 모멘텀이 될 것이다. 그러므로 어떤 기업의 사업목적을 변경한다면 주의해서 살펴볼 필요가 있다. 어떤 테마의 열기가 뜨거워질 경우 그 테마에 합류하는 사업 진출이나 사업목적 변경 및 추가 등의 재료로 주가가 치솟는 일도 비일비재하다는 사실도 기억해야 한다.

사례 사업목적 변경

경방은 1919년에 설립된 전통산업 영위업체다. 얼마 안 있으면 백년기업이라는 명패를 달 수 있을 만큼 업력이 오랜 섬유, 직물업체다. 2009년 1월 21일에 공시를 통해 그림 2-9와 같이 사업목적 변경을 밝혔다.

기존 사업 외에 부동산개발업도 영위할 것이라는 내용이다. 당시 이 기업의 실적을 보면 매출액은 1,548억 2,172만 원으로 흑자전환했고 영업이익도 10억 9,213만 원으로 흑자전환했다. 그런데 당기순손실이 149억 305만 원으로 전년 대비 적자전환을 했다. 별로 큰돈이 되는 장사는 하지 못했다는 것이다.

그런데 사업목적을 신규로 추가 한 후 주가는 어떻게 변했을까(차트 2-5).

발표 당시에는 주가가 별로 움직이지 않았다. 오히려 조금 지나자 하락을 한다. 하지만 그것도 잠시 주가는 다시 상승으로 전환하더니 6만 원대

그림 2-9	공시(사업목적 변경)

사업목적 변경

1. 변경내용		-
-사업목적 추가		부동산개발업
-사업목적 삭제		-
-사업목적 변경	변경전	-
	변경후	-
2. 변경 주요이유		[부동산개발업의 관리 및 육성에 관한법률]제정으로 인한 사업목적 추가
3. 사업 추진일정		2008년 5월 19일 부동산개발업 등록됨
4. 이사회결의일(결정일)		2009년 01월 21일

차트 2-5	사업목적 추가와 주가 흐름

의 주식이 16만 원도 돌파하는 엄청난 상승을 보여주고 있다. 이런 종목
에 단기 투자를 하려고 들어온 투자자는 없을 것이다. 꾸준히 이 종목을
보유하고 있었다면 주가가 상승한 만큼 수익도 꾸준히 늘어났을 것이다.

(6) 장래 사업계획

장래 사업계획도 주가를 변화시킬 수 있는 요소가 된다. 투자자들에게
기업의 활동을 보여주는 것이고 전망이 밝고 구체적인 사업안이 제시될
경우에는 주가에 기대치가 녹아들 수 있기 때문이다. 공시를 접한 후에는
이에 대한 다양한 국면을 조명해주는 경제신문 기사나 전문가들의 의견을
검색하여 그 의미를 정확히 파악하는 것이 좋다. 사업계획은 제시되었지
만 재원 마련이나 일정 등 추가적인 세부계획이 없다면 언제 실현될 것인
지 알 수 없기 때문에 투자 전에 반드시 체크하는 습관을 가져야 한다.

사례 장래 사업계획

2009년 6월 16일 LG디스플레이는 공시를 통해 장래 사업계획을 밝혔
다. 그림 2-10에서 보는 것처럼 박막형 태양전지사업을 육성하겠다는 내
용이다. 이 공시는 2분기 흑자전환이 예상되는 시점에 나왔으며 LCD사업
이외에 또 다른 성장 동력을 확보했다는 점에서 증권사들은 투자의견을
상향조정했다.

그림 2-10 공시(장래 사업계획)

장래사업·경영 계획(공정공시)

동 정보는 장래 계획사항으로서 향후 변경될 수 있음.

1. 장래계획 사항		박막형 태양전지 사업 육성
	목적	박막형 태양전지 사업을 차세대 핵심사업으로 육성하기 위함.
2. 주요내용 및 추진일정	세부내용	- 2012년 광-전 변환효율 14% 달성 및 상업 생산을 위해 전담조직 신설, R&D 인력 확충, 산학협력을 추진할 계획임. - 2009년 하반기 Pilot Line 구축을 위해 500억원을 투자하고 장비/재료 개발 위해 후방산업과 전방위 협력 체제를 구축할 예정임.
	추진일정 시작일	2009-06-16
	종료일	-
	예상투자금액	-
	기대효과	-

차트 2-6 장래 사업계획 발표 후 주가 흐름

공시 이후 전고점을 지나
꾸준히 상승하였다.

대시세 분출의 **실마리는**
뉴스에서 찾아라

1 루머와 뉴스

    단 한 번의 재료 공개로 시세를 분출하는 주식은 드물다. 반드시 그전에 여러 경로를 통해 시세가 임박했음을 암시한다. 대다수 사람들은 이런 고급 정보를 너무나 쉽게 놓쳐버린다. 아니면 첫 정보에 맹목적인 믿음을 가진 나머지 앞뒤 재보지도 않고 진입하여 오랜 시간 인내심만 테스트당하다가 지쳐 포기하는 경우도 있다.

    뉴스를 정보원으로 하는 매매 접근은 매우 중요한 기법 중 하나임에 틀림없다. 하지만 치밀한 계획을 갖고 대응하지 않는다면 의도된 정보에 노출되어 자기도 모르는 새 이용당하고 만다. 기업의 재료는 어떤 과정을 거쳐 뉴스가 되는지 알아보자.

● 1단계 : 첩보

첩보라는 말에서 연상할 수 있듯이 극소수의 사람들만 내용을 알고 있는 단계로 진행 단계 초입 시점이며 주가는 미동도 없다.

● 2단계 : 루머

주식시장에 소문이 퍼져나가는 단계다. 사실로 확인된 내용보다는 내부자 또는 관련자에게서 2차 정보를 취득한 사람들에 의해 포장되어 시장에 유포된다. 확정된 사항이 아니므로 추측성 기사가 난무하며 주가는 등락을 반복한다.

● 3단계 : 사실 여부 확인

시장에 널리 퍼진 루머의 사실 여부를 확인하기 위해 해당 기업에 공식적으로 조회공시를 요구하고 진위를 파악하는 단계다. 루머에 대한 조회공시 답변은 당일 오전인 경우 오후까지, 오후인 경우는 익일 오전까지 해야 한다. 여기서부터 시세주와 루머주로 옥석이 완벽하게 구별된다고 할 수 있다.

●4단계 : 기사화

기사화는 정보 유통과정에서 맨 마지막 단계다. 떠돌던 루머에 대한 기업의 공식 답변이 나오고 나면 그와 관련된 제반 사정들이 취재되어 지세하게 보도된다. 메가톤급 재료일 경우 뉴스 보도와 함께 시세 분출이 가속화되며, 단순히 헛소문에 불과했던 재료일 경우는 매물이 쏟아지면서 급락의 길을 간다.

개인 투자자들이 재료를 접할 수 있는 단계는 대부분이 3단계 정도부터이다. 객장이나 주식 포털사이트 등에서 더러 2단계를 접할 수도 있다. 하지만 도박하는 셈으로 주식투자를 하는 것이 아니라면 그 단계에서 매매 결정을 내려서는 큰 리스크를 떠안게 된다.

산전수전 다 겪은 노장 애널리스트들도 미인주 발굴의 비결에 대해서는 한결같이 말한다. 신문이나 증권사 리포트를 비롯해 공시 기업 탐방자료를 빼놓지 않고 체크하는 것 외에는 왕도가 없다고. 정보전에서 앞서갈 능력이 안 된다면 1차 진위 판단이 이뤄지고 더 심화된 내용이 다뤄지는 4단계의 정보, 즉 뉴스를 참고하는 것이 좋다.

2 CEO 주가

'CEO 주가'란 말은 월스트리트에서 흔히 쓰인다. 유능한 CEO의 영입이나 사임에 따라 주가가 오르내리는 현상을 가리킨다. 1981년 잭 웰치가 GE의 최고 경영자로 취임한 후 시가총액을 무려 12배나 올린 일은 경제 경영계에서 아직까지도 널리 회자되고 있다. 우리나라의 경우 2002년 하이닉스반도체 사장에 선임된 우의제 전 사장이 이런 예로 꼽힌다. 당시 워크아웃 상태에 있던 하이닉스를 강도 높은 구주조정과 생산성 향상으로 체질을 개선시킴으로써 당당한 흑자 기업으로 되돌려놓았다.

한 예로 파이낸셜뉴스 2008년 5월 15일자에는 다음과 같은 기사가 보도됐다.

"SK증권 사장에 이현승 GE에너지 대표 내정"
GE에너지코리아 이현승 대표가 SK증권의 신임 사장으로 내정됐다. 15일 증권업계에 따르면 SK증권은 오는 30일 열리는 주주총회에서 이현승(43) GE에너지코리아 대표를 상근이사로 선임한 이후 이사회 결의를 거쳐 신임 사장으로 선임할 예정이다.
이현승 대표는 재정경제원 재정계획과, 장관실 비서관, A.T.커니컨설팅 이사, 메릴린치 이사 등을 거쳐 GE에너지코리아 대표로 재직하고 있으며 인수합병(M&A)과 투자은행 분야의 전문가로 알려졌다. SK증권은 내년 자본시장통합법 시행에 발맞춰 투자은행(IB)으로 본격적인 도약을 위해 외국계 금융기관과 다국적 기업에서 풍부한 경험을 쌓은 이 대표를 영입한 것으로 분석된다.

이현승 대표가 사장으로 내정되었다는 사실이 알려지면서 SK증권이 GE그룹에 피인수될 것이라는 루머가 돌았다. 그가 GE에너지코리아 대표였던 데다가 M&A 전문가로 알려져 있기 때문이다. SK증권의 조회공시 답변과 함께 피인수설은 사라졌지만 이 종목은 M&A 관련주로 분류되고 있다.

한 기업의 경영을 책임지는 위치에 있는 만큼 CEO의 자질이 기업 전반에 미치는 영향력은 지대할 수밖에 없다. 때문에 기업 조사를 할 때 CEO에 대한 항목도 반드시 챙겨야 한다. 때로는 'CEO 건강 악화'라는 기사만으로도 해당 기업 주가가 폭락하기도 한다.

하지만 명망 높은 CEO가 취임했다는 사실만으로 주가 상승을 단정할 수만은 없다는 점도 기억하기 바란다. 일단 합격점은 줄 수 있지만 'CEO=주가'라는 공식은 성립하지 않는다는 이야기다. CEO의 자질을 떠나 교체가 잦은 기업은 일단 관심 대상에서 제외하는 것이 상책이다.

3 베스트 애널리스트 리스트

뉴스를 활용한 매매에서 애널리스트들의 입김도 빼놓을 수 없다. 개인 투자자는 기업에 대한 기본적 분석을 체계적으로 해내기가 어렵다. 이런 점에서 증권기사에 실린 애널리스트들의 보고서를 꾸준히 체크하고 스크랩해서 관리하면 도움이 된다. 지금까지 대부분의 투자자들은 보고서를 매매 여부를 판단하는 데 활용했을 것이다. 그보다는 기업의 내재가치와 향후 사업 전망을 어떻게 분석하고 있는지를 배울 수 있는 지침서로 활용하길 권한다.

증권사마다 자신의 전문 분야를 갖고 있는 수십 명의 애널리스트들이 포진하고 있다. 이들의 특화된 분야의 투자 조언은 개인 투자자가 갖추기 힘든 고도의 분석력에 기반하고 있다. 이러한 고급 정보를 활용하지 말아야 할 이유가 없는 것이다. 각 증권사 사이트를 방문해보면 수많은 보고서가 매일같이 쏟아져 나오고 있음을 확인할 수 있다. 회원 가입이 필요한 경우가 많지만 이용료는 무료다.

또 우리나라의 대표적인 경제지인 매일경제와 한국경제 등에서는 각 사의 경제주간지에서 해마다 '베스트 애널리스트'를 선정하여 발표한다. 신문사별 선정 기준을 적용한 것이므로 신뢰할 수 있는 데이터다. 이 리스트를 확보하여 업종별로 참고하는 것도 좋은 방법이다.

그림 2-11

매경이코노미 선정 베스트 애널리스트(2009년 상반기)

반도체
1	박영주	우리투자
2	김성인	키움
3	김장열	현대

LCD·디스플레이
1	김동원	현대
2	민천홍	KTB투자
3	박영주	우리투자

정보통신 서비스
1	최남곤	동양종합금융
2	이동섭	대신
3	양종인	한국투자

정보통신 장비
1	이승혁	우리투자
2	박원재	대우
3	조성은	미래에셋

가전·전자부품
1	김지산	키움
2	박원재	대우
3	조성은	미래에셋

인터넷·포털·SW·SI
1	장영수	키움
2	정우철	미래에셋
3	김창권	대우

미디어·광고
1	민영상	하이투자
2	박 진	우리투자
3	구창근	삼성

엔터테인먼트·레저
1	한승호	신영
2	김창권	대우
3	한익희	현대
3	손은경	키움

음식료·담배
1	백운목	대우
2	지기창	동양종합금융
3	이경기	대신

교육·출판·제지
1	김미연	메리츠
2	유정현	대우
3	박종대	하이투자

섬유·의복
1	정연우	대신
2	윤효진	우리투자
2	유정현	대우
3	한상화	동양종합금융

건설·시멘트
1	이창근	현대
2	허문욱	삼성
3	박형렬	푸르덴셜투자

자동차·타이어
1	조수홍	현대
2	고태봉	IBK투자
3	안수웅	LIG투자

조선·기계
1	전재천	대신
2	성기종	대우
3	윤필중	삼성

철강·비철금속
1	박기현	동양종합금융
2	양기인	대우
3	김경중	삼성

거시경제(이코노미스트)
1	고유선	대우
1	장화탁	동부
2	김승현	토러스투자
3	신동석	유진투자

은행·카드
1	서영수	키움
2	최정욱	대신
3	이준재	한국투자

증권
1	장효선	삼성
2	서영수	키움
3	이철호	한국투자

보험
1	장효선	삼성
2	이철호	한국투자
3	이병건	신영

에너지·도시가스
1	주익찬	유진투자
2	이창목	우리투자
3	윤희도	한국투자

운송
1	양지환	대신
1	윤희도	한국투자
2	주익찬	유진투자
2	송재학	우리투자
3	류제현	미래에셋

제약·바이오
1	권재현	대우
2	김지현	키움
3	신지원	미래에셋

유통·홈쇼핑
1	정연우	대신
2	안지영	IBK투자
3	여영상	굿모닝신한

화학·정유
1	박영훈	IBK투자
2	임지수	굿모닝신한
3	안상희	대신

투자전략(스트래티지스트)
1	조익재	하이투자
2	오태동	토러스투자
3	조윤남	대신

시황(마켓)
1	이경수	토러스투자
2	김학균	한국투자
3	김세중	신영

기술적분석(차티스트)
1	지기호	동부
2	유승민	삼성
3	심재엽	메리츠

파생상품(데리버티브)
1	심상범	대우
2	전 균	삼성
3	최창규	우리투자

계량(퀀트)
1	조윤남	대신
2	이원선	토러스투자
3	이기봉	삼성

지주회사
1	이 훈	우리투자
2	강성부	동양종합금융
3	전용기	메리츠

중소형주팀(스몰캡팀)
1	대우
2	대신
3	현대

Fixed Income Team (크레딧·마켓)
1	우리투자
2	현대
3	굿모닝신한

그림 2-12 한경비즈 선정 베스트 애널리스트(2009년 상반기)

분야	이름(소속 증권사)	분야	이름(소속 증권사)
반도체·컴퓨터	김장열(현대)	제약 및 바이오산업	권재현(대우)
통신·초고속인터넷	최남곤(동양)	석유화학	박영훈(IBK)
통신장비·네트워크장비·단말기	박원재(대우)	음식료·담배업	백운목(대우)
		제지·교육	김미연(메리츠)
가전·전기 전자·전선	김지산(키움)	섬유·피복	유정현(대우)
LCD디스플레이	김동원(현대)	철강·금속	박기현(동양)
인터넷·소프트웨어·솔루션	김창권(대우)	건설·시멘트	허문욱(삼성)
엔터테인먼트·미디어·광고	한승호(신영)	지주회사	이훈(우리)
유통	정연우(대신)	거시경제 및 금리	고유선(대우)
운수·창고	주익찬(유진)	투자전략	조익재(하이)
증권	장효선(삼성)	계량분석	조윤남(대신)
은행·신용카드	최정욱(대신)	기술적분석	지기호(동부)
보험·기타금융	장효선(삼성)	데일리시황	이경수(토러스)
유틸리티	주익찬(유진)	파생상품	심상범(대우)
자동차 및 타이어	고태봉(IBK)	스몰캡(팀단위)	대우증권
조선·중공업·기계	전재천(대신)	채권(팀단위)	현대증권

기술적 분석에
능통하라

1 시세를 내는 주식의 첫 신호는 캔들 조합에 있다

캔들이란 시가, 저가, 고가로 구성되어 하루 동안의 주가 움직임을 표시한 것이다. 캔들 분석은 기술적 분석 중에서도 가장 작은 단위이다. 하지만 캔들에 담긴 의미는 결코 적지 않다. 장중 등락은 물론 최근 매매자들의 심리상태를 알 수 있으므로 가까운 미래의 주가 흐름을 예측하는 데 아주 중요한 지표가 된다. 특히 매매 타이밍 선정이 중요한 대시세 종목 발굴에서 주가의 본격적인 시세 분출 시점을 포착하는 데 강력한 신호 역할을 한다.

다음과 같은 조건을 갖춘 캔들 조합은 시세가 멀지 않았다고 볼 수 있다.

첫째, 단봉의 캔들로 패턴 조합이 이루어져야 한다. 바닥권에 있는 주가가 기나긴 어둠의 터널을 벗어나기 위해서는 누군가 의도적인 대량의 매집을 해야만 한다. 즉, 큰 자금을 가진 주요 주체가 있어야 한다. 그들은 시세가 완전히 분출되기 전까지는 철저하게 자신들의 의도를 숨긴다. 개인 투자자들은 물론 단기 매매자들이 절대 참여할 수 없도록 관리하는 과정에서 장중 제한된 등락을 보이는 단봉이 이어진다.

둘째, 일주일 평균 거래량보다 5배 이상의 대량 거래량이 수반되어야 한다. 대량의 거래량이 수반되는 이유는 급등 막바지까지 시장에 유통되고 있는 물량을 거두기 위해서다. 즉, 매집의 완성도를 높이고자 함이다.

지금부터 상승을 암시하는 캔들 패턴 8가지를 익혀보자. 그중에서도 특히 마지막에 설명하는 플랫폼은 거래량을 함께 살핌으로써 주요 세력들의 매집 흔적을 포착하는 데 아주 유용한 패턴이므로 반드시 익혀두도록 하자.

(1) 클론팽이형(쌍둥이팽이 패턴)

팽이형은 도지형의 한 변형이다. 장중 내내 반복된 등락으로 위꼬리와 아래꼬리를 만들지만 장 막판에 매수세가 우위를 보이며 종가상 몸통을 만든다.

쌍둥이팽이형은 두 개의 팽이형으로 조합된 캔들군이다. 장중에 등락을 거듭하는 팽이형 캔들이 이틀 연속 출현하면 개인 투자자들은 인내심에 한계를 느끼게 된다.

게다가 두 번째 캔들에서 장중 전일 저점까지 위협받으면 공포감마저 느껴 보유하고 있는 물량을 쉽게 내놓게 된다. 또한 제한된 등락으로 대기 매수세마저 사라져 매도 시에는 시장에서 형성된 가격보다 한두 호가 낮은 가격에서 추격매도를 하는 경우가 대부분이다. 종목의 주인들은 마지막까지 저가에서 물량을 매집하며 급등에 필요한 주식 수를 확보한다.

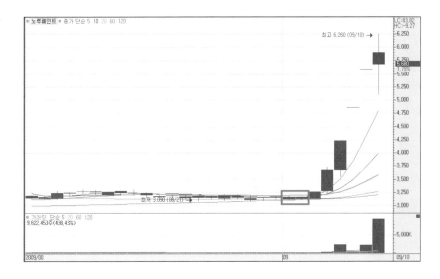

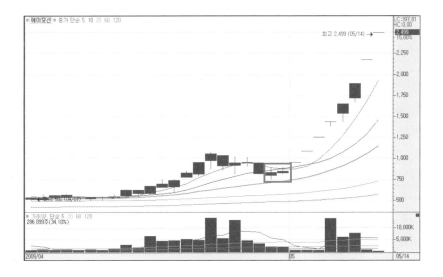

(2) 망치형+역망치형(망역 패턴)

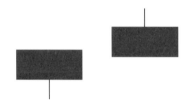

망치형은 장중 시초가 밑으로 밀리다가 오후장이 되면서 시초가를 뚫는 강력한 상승으로 종가가 최고가인 형태다. 매수세의 강도가 매우 강한 캔들로 아래꼬리가 있다. 역망치형은 망치형과 반대다. 고가까지 상승하다 매도세에 의해 되밀려 장중 고점 대비 다소 낮은 가격에서 마감한 형태로 위꼬리가 있다.

망역 패턴은 망치형과 역망치형으로 조합된 캔들군으로 전일 최고가로 마감한다. 하지만 이튿날 동시호가 때부터 주도세력의 의도적인 개입으로 주가가 갭하락 출발하여 상승에 대한 기대감이 급격히 저하된다. 기존 보유자들은 이에 따른 영향으로 공포감을 느끼게 되며 전일 대비 낮은 가격임에도 물량을 내놓고 만다. 이로써 이 종목의 주인들은 급등에 필요한 준비과정을 마무리한다.

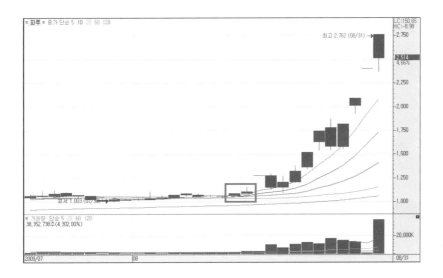

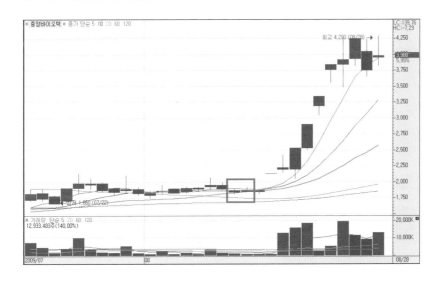

(3) 역망치형+망치형(역망 패턴)

역망치형과 망치형으로 조합된 캔들군은 첫째 날 장중 고점을 형성했음에도 불구하고 추가 상승에 실패했다. 따라서 전일 추격매수에 가담한 신규 매수자는 물론 기존 보유자들마저 주가의 탄력성 부재를 새삼 느끼며 시장에 물량을 내놓게 된다.

두 번째 날 역시 장중 전일 캔들의 시가이자 저가를 의도적으로 이탈하여 공포감을 확산시킨다. 따라서 개인 투자자들은 급등 임박을 앞두고 주도세력들에게 물량을 쉽게 빼앗기게 된다. 특히 역망 패턴은 급등주에 가장 빈번하게 출현하는 캔들 조합이므로 반드시 기억해두어야 한다.

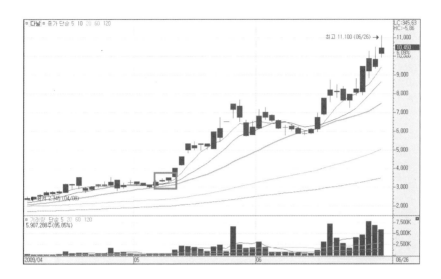

(4) 역망치형+역망치형(쌍둥 역망치 패턴)

쌍둥 역망치는 이틀 연속 역망치형이 출현되는 패턴이다. 두 번째 날에는 전일 종가보다 낮은 가격으로 출발하여 장중 개인 투자자들의 매물을 거두어가는 유형이다. 보통 캔들 바로 위에 이동평균선이나 저항대 가격 라인이 있을 때 이와 같은 패턴이 자주 출현된다. 이틀 동안 매물 소화과정을 통해 상승할 수 있는 에너지를 충분히 비축했다는 점에서 시세 임박에 대한 높은 신뢰를 보인다.

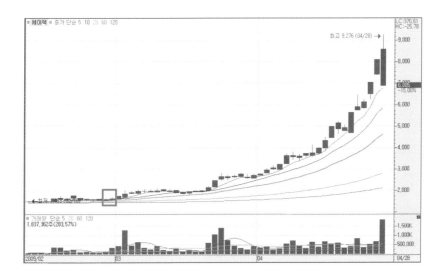

(5) 팽이형+단봉(팽단형 패턴)

단봉은 캔들은 작지만 장중 매매자들의 의도가 그대로 담긴 캔들이다. 몸집에 비해 신뢰성이 매우 높은데 다른 캔들에 비해 당일 거래량이 매우 중요하고 거래량에 따라 다르게 해석된다. 단봉의 캔들 출현 시 양봉과 음봉의 여부를 먼저 확인하고 거래량을 반드시 확인해야 한다. 양봉 시에는 거래량이 증가할수록 상승 에너지가 더욱 증폭된다고 볼 수 있다. 또한 거래량이 없는 음봉 시에는 하락 에너지를 응축하는 과정이 아니라 개인들의 물량을 흔들기 위한 과정으로 달리 해석된다는 점을 꼭 기억해야 한다.

팽단형은 팽이형과 단봉의 캔들로 조합된 패턴이다. 전일 장중 내내 물량 테스트를 통해 조만간 출회될 수 있는 물량과 잦은 등락으로 유입된 단기 매수자의 물량을 빼앗는다. 이튿날에는 단봉으로 시세의 변화를 주지 않는다. 그러면서 기보유자들의 물량을 저가에서 계속 받아주며 시세 분출을 위한 마무리 단계를 완료한다.

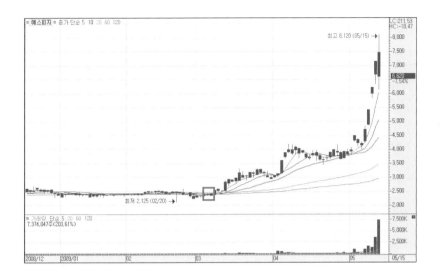

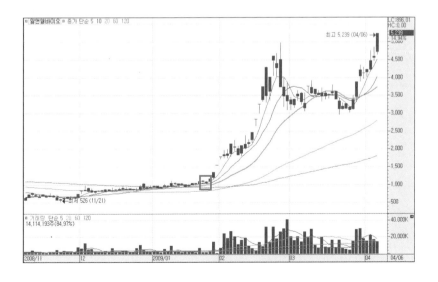

(6) 역망치형+팽이형(역팽이형 패턴)

역팽이형은 역망치형과 팽이형으로 조합된 캔들군이다. 전일 장중 고점을 형성했지만 추가 상승을 하지 못하고 밀리면서 마감한다. 둘째 날 갭하락 또는 큰 폭 하락으로 출발하며 불안감을 가중시키다가 장중 전일 저점을 재차 위협하여 개인 투자자들을 극도의 공포감 속으로 몰아넣으면서 매도에 동참하게 만든다.

오후장 이후 대기 매수세의 유입으로 고점을 형성하지만 장 마감 무렵에 집중된 매물공세로 고점 대비 밀리는 모습을 보인다. 이에 따라 극심한 혼란에 빠진 기보유자들은 대부분의 물량을 내놓게 된다.

역팽이형 역시 시세 임박 전에 주도세력들에게 물량을 쉽게 뺏기게 되는 전형적인 패턴이다. 대시세 종목에서 자주 출현되는 캔들의 조합이라는 점에서 매우 중요하다.

(7) 장대양봉+속임수 팽이형(장팽이형 패턴)

장대양봉은 저가로 장을 시작한 이후 지속적으로 상승하여 당일 고가로 마감함으로써 긴 양봉 모양을 만든 형태다. 특히 저점에서 발생할 경우 상승추세로의 전환을 알리는 강력한 신호가 된다. 일반적으로 시간이 지나면 지날수록 시가 대비 많이 상승한 가격임에도 불구하고 많은 사람들이 집중적으로 매수에 동참한다.

장팽이형은 장대양봉과 팽이형으로 조합된 캔들군이다. 첫째 날 대량의 매수세가 집중되며 장대양봉으로 마감함으로써 추가 상승의 기대감이 한층 고조된다. 하지만 둘째 날 주가는 전일 매수강도하고는 사뭇 다르게 장 초반부터 갭하락 또는 보합세로 출발하며 추가 상승에 대한 의지를 급격히 저하시키는 모습을 보인다. 장중 음봉까지 출현되면서 제한된 주가 흐름이 이어지면 전일 입성한 단기 매매자들은 물론 일부 기존 보유자들 중심으로 실망 매물이 출회된다.

장팽이형은 상승 초기에 5일선 눌림목 구간에서 자주 포착되며 신뢰도와 완성도가 아주 높다.

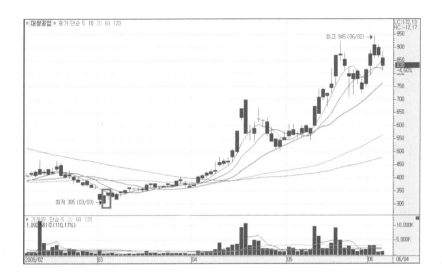

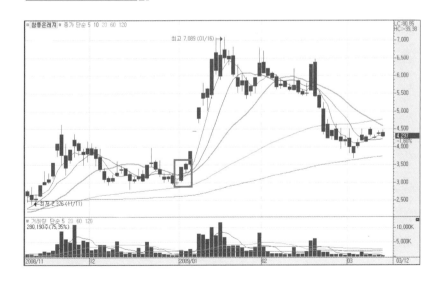

(8) 플랫폼 패턴(캔들+거래량)

플랫폼 패턴은 캔들 조합과 거래량을 함께 살핌으로써 매집의 흔적을 발견할 수 있는 아주 유용한 패턴이다. 1차 상승 후 눌림목 구간에서 가격조정보다는 기간조정을 거치기 때문에 악성 매물로 방해받지 않고 최고의 시세를 낼 수 있다. 10일선을 타고 가며 20일선을 깨지 않으려는 지지력을 보여야 한다. 플랫폼은 역이나 정거장에서 기차를 타고 내리는 곳을 말하는데, 주식시장에서는 급등열차를 타기 위한 마지막 코스를 플랫폼 패턴이라 지칭한다.

주요 주체들은 원하는 수량을 빠른 시간 내에 매집하기 위해 가격조정을 택할 수도 있으나 가격조정 시에는 단기 세력들이 개입하기 쉽고 단타매매자들에게도 쉽게 노출된다. 따라서 상승 의도를 철저히 감추기 위해 시간을 들여가며 매집하는 것이다.

앞으로 살펴볼 대시세 패턴 중에서도 시세 임박 단계에서 플랫폼이 등장하면 패턴 완성도가 더욱 높아진다. 캔들 조합이나 거래량, 이동평균선을 분석할 때 플랫폼은 대시세 패턴을 확증하는 유력한 도구가 될 것이므로 반드시 숙지하고 있어야 한다.

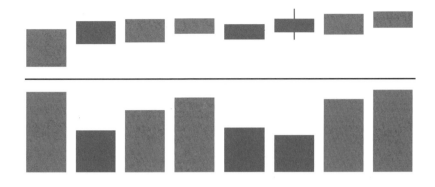

　위 그림은 플랫폼 패턴의 대략적인 모습을 설명하기 위해 그려본 것이다. 실전에서 거래일 수나 캔들의 모양은 천차만별로 나타난다. 이 패턴에서 중요한 점은 최초 장대양봉의 가격대를 붕괴시키지 않는다는 것이며 단봉과 음봉이 나타나는 날에도 일정한 저가 수준은 유지한다는 것이다. 이는 누군가의 의도적인 관리가 없다면 불가능한 일이다.

① 첫째 날 : 추세전환을 암시하는 장대양봉이 처음 출현한다. 거래량 역시 이전과 달리 대량으로 유입된다.

② 둘째 날 : 음봉이나 거래량이 없는 형태로 상승 캔들 조합의 양음 패턴과 유사한 모습을 보인다.

③ 셋째 날 : 양음 패턴에 이어 장 초반부터 매수세가 활발하게 유입되는 양봉 출현으로 매매자들의 기대감을 한층 강화시킨다. 하지만 주가는 어느 일정 시점까지 상승한 다음 정체되고 거래량만 지속적으로 증가한다.

④ 넷째 날 : 갭하락으로 출발하여 고조되던 상승 기대감을 무산시킨 다. 하지만 시가를 지지하며 전일에 이어 이틀째 양봉을 만들면서 다시금 상승 기대감 속에 마감된다.

⑤ 다섯째 날 : 이틀째 양봉 출현에도 불구하고 장중 내내 매수세 부재 로 거래량 역시 감소한다. 주가 역시 약세를 기록하며 소폭 하락 마 감한다.

⑥ 여섯째 날 : 최근 긍정적인 캔들이 연속적으로 출현했음에도 주가가 계속해서 제한된 등락을 보임으로써 일부 투자자들로부터 실망 매 물이 출회된다. 더욱이 장중 최근 저점까지도 위협받는 흐름이 연출 되면 기보유자들의 공포감이 가중되어 매물 출회가 극심해진다.

⑦ 일곱째 날 : 이틀 연속 음봉 출현으로 조정에 대한 가능성이 커졌음 에도 장 초반부터 누군가의 적극적인 매수세로 양봉이 출현된다. 거 래량 역시 이에 부응하여 분위기를 반전시키는 데 성공한다.

⑧ 여덟째 날 : 전일에 이어 이틀째 대량 매수세가 전개되고, 밀리는 모 습 없이 상승폭을 확대해나가며 기존과 다른 흐름을 보인다. 당일 최 고가로 장을 마감한다.

플랫폼 패턴은 음봉이 출현할 때보다는 양봉 출현 시 상대적으로 많은 거래량이 수반되며, 패턴 완성에 이를수록 매수세가 절대적인 우위를 점 해가면서 강한 시세 분출을 암시한다. 1차 상승 이후 조정을 통한 눌림목 구간에서도 본격적인 시세를 염두에 둔 대기 매수세들이 지속적으로 유입되고 있음을 확인할 수 있다.

여기서 주목해야 할 것은 음봉이 연속해서 출현할 때이다. 이때는 특별히 대량 거래가 일어나진 않지만 종목 주인들이 특정 가격대를 지키고자 급매물만 받아주면서 주가관리를 하고 있음을 짐작할 수 있다. 이를 통해 알 수 있는 것은 충분한 수량을 선매집하지 않고는 플랫폼 패턴이 만들어질 수 없다는 점이다. 따라서 플랫폼 패턴은 대시세에 대한 완성도가 매우 높고 시세 분출을 목전에 둔 마무리 단계로 볼 수 있다.

주의할 점은 횡보 기간 동안 인내심을 갖고 주시해야 한다는 점이다. 갑자기 주가가 급등하여 놓친 경우라면 어쩔 수 없지만 시세를 품고 있을 가능성이 높은 주식을 기다리기 지루하다는 이유로 외면해버린다면 대시세를 누릴 자격이 없다. 우연히 대어가 낚이길 바라며 이 종목 저 종목 기웃거리는 것은 깡통으로 가는 지름길이다. 이렇게 확실한 방법이 있는데도 실전에 적용하는 수고를 하기 싫어 운 타령만 하려면 차라리 주식시장을 떠나는 것이 원금이나마 보전하는 길일 것이다.

플랫폼 패턴의 매수 시점은 저점과 고점을 높인 단봉 양봉이 연속해서 출현할 때 또는 앞서 설명한 상승 캔들 조합 7가지 중에서 하나가 출현할 때이다. 이때 매수에 가담하면 리스크 부담 없이 단기간에 높은 수익을 얻을 수 있다. 이제부터 플랫폼 패턴의 다양한 모습들을 차트로 확인해보도록 하자.

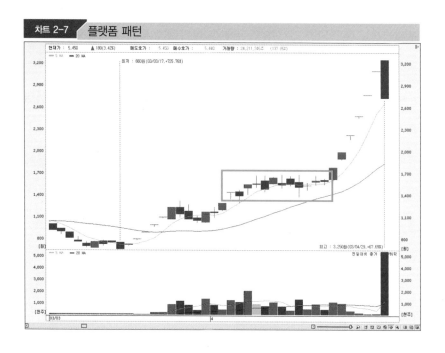

플랫폼 패턴

계단식으로 플랫폼을 만들면서 결국 저점 대비 4배가 넘는 대시세를 뿜을 때까지 상승이 지속되고 있다. 3월 중순 거래량 없는 1차 시세 후 첫 번째 플랫폼이 형성되었고, 점진적인 상승에 이어 2차 플랫폼이 만들어졌다. 이 전체 기간, 즉 20거래일 동안 종가가 단기선인 5일선 아래로 내려선 적은 5번밖에 되지 않는다. 4월 초를 지나면서 주가가 다시 횡보를 보이기 시작했을 때 대부분 단기 매매자들은 이 종목은 시세가 다했다고 생각하며 떠났을 것이다. 하지만 이 책을 읽은 당신이라면 플랫폼 패턴을 꼭 기억하고 더 큰 시세가 기다리고 있음을 알아야 한다.

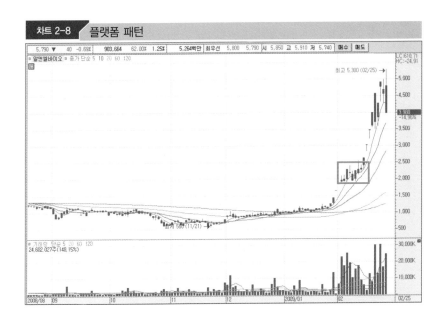

이 종목의 1차 시세는 바닥에서 W형 패턴을 만들고 난 후 실현됐다. 근 1년 가까이 지탱해오던 어림수 1,000원의 가격대를 붕괴시킨 후 저점에서 W형의 반등과 반락을 거쳐 5개월 만에 원래 가격으로 돌아왔다. 저점을 점차 높여가는 횡보 과정에서 이동평균선을 결집시킨 후에는 9거래일 만에 2배가 되는 배수의 마법을 보여줬다. 단기 100%라는 시세를 준 종목이지만 대기 매수세가 여전하다는 점은 플랫폼 패턴에서 확인된다. 이후이 종목은 3차까지 시세를 분출하면서 3개월 1,000%라는 신화를 탄생시켰다. 대시세의 폭에서 본다면 이 플랫폼의 가격대는 5분의 1 수준에 불과하다. 플랫폼의 함의를 곱씹어야 하는 이유로 충분하다 할 것이다.

| 7.140 ▼ 1,180 14.18% | 12,904,342 | 116.59% 86.89% | 99,988백만 | 최우선 7.140 7.130 | 시 8,030 고 8,440 저 7,080 | 매수 | 매도 |

최고 1,285 (04/02) →

최저 555 (12/10)

이 종목 역시 앞에 대량거래가 터지면서 주가가 한 번 움직인 것을 확인할 수 있다. 하지만 긴 위꼬리와 함께 상승을 멈추고 말았다. 대량 거래가 발생했던 전고점 영역이다. 그런데 이후 주가는 하락으로 돌아서지 않고 종가상 양봉의 가격대를 붕괴시키지 않는 수준을 유지하며 단기선을 중심으로 밀집되어 있다. 시간이 지나면서 플랫폼 패턴이 확인된다. 이런 경우 대개 1차 상승보다 더 큰 시세가 준비되고 있음을 기억하고 매수해야 한다. 실패 확률이 적은 매수 타이밍은 주가가 단기선 위에 확실히 안착했을 때이다. 보수적인 성향이거나 확인매매를 원할 경우에는 주가가 플랫폼 패턴의 상단을 돌파했을 때 진입한다.

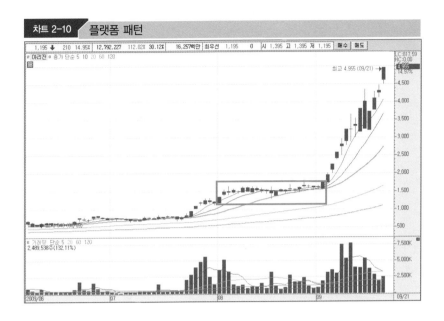

횡보 구간을 돌파하여 1차 시세를 준 뒤 플랫폼을 형성하고 2차 시세로 내달리는 양상을 다시 한 번 볼 수 있는 차트다. 단봉의 캔들이나 이동평균선의 밀집은 에너지의 응집을 의미한다. 위쪽으로든 아래쪽으로든 조만간 에너지는 분출되게 마련이다. 이 종목의 플랫폼 구간을 유심히 살펴보면 후반부로 갈수록 20일선을 따라 저점이 점차 높아지고 있음을 볼 수 있다. 이런 모습은 매물 걱정이 없는 최상의 흐름이다.

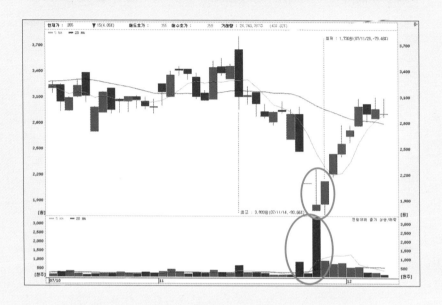

장대음봉과 점하한가로 주가가 떨어지고 있는 모습을 확인할 수 있다. 마지막 갭하락 캔들을 지지 기반으로 하여 장중 큰 폭의 상승을 했지만 매도세에 의해 위꼬리가 길고 몸통이 짧은 역망치형이 탄생한다.

이 역망치형 하나 가지고는 주가의 반전을 예상하기 어렵다. 그런데 이튿날 매물이라 할 수 있는 역망치형의 꼬리를 메우는 망치형이 탄생한다. 누군가 매집에 돌입했다는 것을 확인할 수 있는데 특히 역망치형에서 대량 거래 발생으로 신뢰도를 높이고 있다. 주가 역시 반등하는 모습을 확인할 수 있다. 이렇게 급락하는 종목에서 저가에 매집 주체가 나선 것을 확인한다면 공략 대상 종목으로 선정하는 것이 좋다.

거의 4개월 이상 주가가 횡보하고 있다. 사실 누구도 관심이 없는 종목
이라 할 수 있겠다. 하지만 이런 종목도 재료가 발생하면 대시세를 준다는
것을 앞에서 본 몇 가지 사례로 확인했을 것이다.

이 종목 역시 시세를 내기 시작하는데 대량 거래가 터진 장대양봉이 나
오고 바로 십자 단봉이 탄생하고 있다. 이는 상승을 위한 숨고르기로 해석
해야 한다. 이런 캔들 조합의 상승확률은 이와 같은 선도세력의 숨고르기
에서도 단서를 얻을 수 있지만 대량 거래가 터졌다는 사실에서 보다 확신
을 가질 수 있다. 주가는 속여도 거래량은 속일 수 없다는 말이 있듯이 캔
들의 패턴은 유사하더라도 거래량이 적으면 신뢰도가 떨어지기 때문에 주
의해서 봐야 한다.

오랜 기간 횡보하던 주가가 상승을 시작한 모습을 보여준다. 횡보 중 거래량이 증가한 역망치형에 관심을 둘 수 있어야 한다. 이튿날 역망치형의 위꼬리에 변형된 망치형이 탄생한다. 원으로 표시된 부분에서 두 번째와 세 번째 캔들을 합치면 정확히 아래꼬리가 긴 망치형이 된다. 바로 역망 패턴이 되는 것이다. 횡보하던 종목에서 두 캔들의 조합은 상당한 의미를 갖는데 종목 주인의 상승 의지를 엿볼 수 있는 지점이다.

만약 횡보하던 종목에서 이런 패턴이 나온다면 공략 종목으로 선정해도 좋다. 매매 시점은 이튿날 양봉이 탄생하는 순간이다. 특히 이 종목은 이튿날 양봉에서 대량거래가 실리면서 추가 상승의 기운을 강하게 암시하고 있다. 대시세 초기 종목으로 적합한 조건이다.

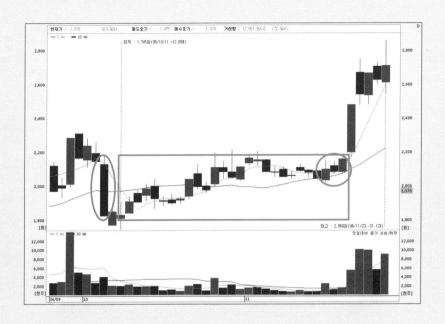

 장대음봉으로 하락한 후 2개월 정도의 횡보 기간을 보여주고 있다. 그런데 이 횡보하는 기간을 자세히 살펴보면 장대음봉의 몸통 가격대에서 주가가 움직이고 있다는 것이다. 이는 이 기간 동안 음봉의 물량을 소화시키는 것으로 해석할 수 있다.

 2개월 동안 횡보를 하더니 주가가 상승하기 전에는 거래량이 확연히 줄어들고 있다. 주인의 물량 매집이 거의 끝난 것으로 봐야 한다. 오른쪽에 원으로 표시된 부분을 보라. 거래량이 배 이상 늘면서 주가를 올리려는 양봉이 출현했으나 위꼬리가 달리면서 밀리고 말았다. 그 이튿날 음봉이 나왔지만 위꼬리의 물량을 어느 정도 소화시켜 준 모습이다. 그리고 세 번째 날 양봉이 나오고 장대양봉이 이어지면서 크게 상승하고 있다.

양봉 다음에 물량을 소화시켜주는 음봉, 다음에 양봉은 일명 양음양 패턴으로 상승 확률이 대단히 높다고 알려져 있다. 양음양 패턴은 양음 다음 양봉에서 수익을 챙기는 매매 방법이지만 이 종목은 양음 다음에 양의 봉이 작기 때문에 그 이튿날의 추가 상승이 가능하다고 판단할 수 있다. 한마디로 말해 본격적으로 상승하기 전 양음양으로 물량을 소화시키는 것으로 봐야 한다.

주가가 하락하다가 한 번 급상승을 한다. 그러다가 다시 천천히 하락하면서 상승분을 까먹고 있는 모습이다. 그렇게 원위치한 순간 다시 상승으로 돌아섰는데 이번에는 급상승을 하는 것이 아니라 점진적으로 올라가고 있다.

이는 앞으로 주가가 상승하는 데 훨씬 유리한 면이 있다. 앞의 하락 구간에서 쌓인 매물을 천천히 소화시켜 주고 있기 때문이다. 그러기에 이 종목은 직전 급상승 구간의 전고점을 언제 돌파하고 올라갈지 모르는 상황이 된다. 이런 패턴이 나온다면 관심종목에 올려놓고 언제든지 매매할 준비를 해야 한다. 어느 순간 장대양봉을 출현시키며 시세를 낼지 모르기 때문이다.

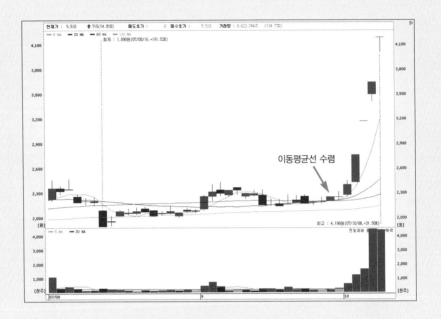

이동평균선 수렴

오랫동안 하락한 후 횡보 기간을 가진 한 종목이다. 모든 이동평균선들이 모여 있는 것이 에너지가 응집된 종목이라는 것을 한 눈에 알 수 있다. 이렇게 에너지가 응집된 종목은 언제 폭발적으로 튀어오를지 짐작할 수 없다. 관심종목에 넣어두고 계속 관찰할 종목이다.

이동평균선을 타고 횡보하던 주가가 오르는가 싶더니 다시 이동평균선을 타고 움직이다가 원으로 표시한 부분에서 거래량이 실린 양봉이 나왔다. 이 양봉은 전고점을 뚫고 올라갈 에너지 분출의 마지막 신호라 생각하고 매매에 나서야 된다. 이 양봉에서 매수하지 못했다고 하더라도 상승할 가능성이 높기 때문에 이튿날 공략해도 늦지 않다.

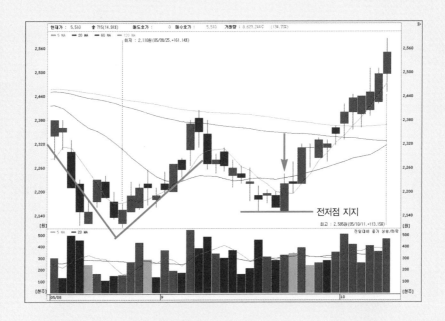

전저점 지지

앞에서 본 종목처럼 V자 상승을 한 후 상승분을 까먹는 모습이다. 주가가 전저점 부근에 왔을 때 방향 전환이 이뤄진다. 차트로 보면 쌍바닥을 형성하고 있는 모습이므로 우선은 박스권 매매로 접근해야 한다. 전저점 매매를 하려면 주가가 밀려 다시 전저점까지 하락했을 때를 주목한다.

차트에서 보면 주가가 전저점까지 밀린 다음에 역망치형 캔들이 나오고 십자형이 이어진다. 이튿날 충분히 공략해도 좋은 캔들 조합이다. 이튿날 다시 장대양봉이 나오고 또 십자 캔들이 탄생한다. 앞에서 매수에 가담하지 못한 투자자라면 이때 다시 공략대상으로 삼아야 한다. 또는 주가가 전고점을 돌파할 때 매수해도 되고 아니면 이동평균선을 따라 주가가 올라가는 것을 보고 매매해도 좋다.

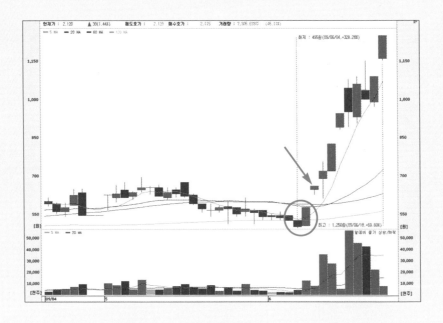

　횡보 후 시세가 분출된다. 횡보 기간을 잘 살펴보면 장기 이동평균선 밑으로는 주가가 하락을 하지 않는데 마침 장기 이동평균선 밑으로 하락을 하는 음봉이 나오자 그 이튿날 바로 양봉이 나오면서 이동평균선 위로 주가를 올려주고 있다. 이튿날 주가가 갭상승하여 출발하고 그 이튿날도 주가가 갭상승 출발하지만 위아래로 꼬리가 달린다.

　이런 경우에는 이동평균선을 지지 근거로 삼아도 좋다. 모든 이동평균선이 수렴되어 있는 상황이므로 양봉 3개의 시세로 끝날 에너지가 아니다. 더욱이 제반 이동평균선을 한꺼번에 뛰어넘을 만큼 갭상승 양봉이 출현했다는 것은 그만큼 기운이 있다는 의미도 된다. 이런 갭상승 양봉은 반드시 따라잡는 것이 정석이다. 하지만 보수적으로 매매한다면 익일 양봉으로 마감되는 것을 확인하고 종가에 매수하는 방법도 있다.

2 차트 패턴을 분석하여 길목에서 기다려라

(1) W자형

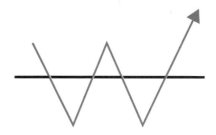

고점 대비 크게 하락한 상태 또는 오랜 기간 동안 하락한 이후 추세전환 시 자주 출현하는 패턴이다. 흔히 이중바닥 패턴이라고 한다. 일본 최고의 유명 주식전문가 다케 사부로가 W형 패턴인 제1, 제2 바닥 확인형의 주식을 매입했더니 성공확률이 매우 높았다고 발표한 이후 종목 발굴에 많이 사용되고 있다.

이 패턴은 장기간 하락으로 바닥권 또는 과매도 구간으로 인식되면서 일시적인 반등이 시도되었으나 추세적인 상승으로 이어지는 데는 한계가 있어 다시 하락세로 전환되는 과정이 반복되면서 만들어진다.

가장 이상적인 W자형은 1차 반등 이후 조정폭이 깊지 않은 상태, 즉 전저점보다 높은 위치에서 저점을 형성하는 것이다. 이런 경우 매물 소화가 제대로 진행되었다고 할 수 있으며 상승탄력도 강하다. 만약 전저점과 비슷한 위치에서 다시 저점을 형성한다면 아직도 소화해야 할 매물이 많이 남아 있다는 증거다. 이때는 전저점 부근에서 바로 매수에 동참하는 것보다는 중기 생명선인 20일선을 재차 회복하는 시점에서 공략하는 것이 좋다.

W형 패턴의 매수 타이밍은 바닥을 형성하는 1차 상승 이후 전저점을 지지할 때이다. 전저점이 지지되고 중기 생명선인 20일선을 양봉으로 돌파 시 저점 매수를 위해 60일선을 최종 손절선으로 잡고 조정 시마다 모아가는 분할 매수전략으로 임한다. 직전 고점 돌파 이후 수급선인 60일선 마저 돌파한다면 상승탄력이 가중되므로 적극 매수로 대응한다.

(2) 트위스터형

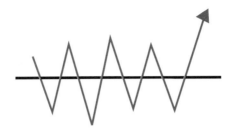

주가가 장기 하락세를 멈추고 몇 차례의 바닥 확인을 거쳐 상승추세로 반전을 시도하는 패턴이다. W형 패턴의 연장 또는 중첩되는 형태로 여러 개의 저점과 고점을 통해 바닥을 다지는 다중바닥이 만들어진다.

트위스터형 초기에 W형 패턴이 먼저 완성되면서 주가의 하락세는 진정되지만 상승반전에 충분한 에너지를 응축하지 못했거나 주요 주체들의 추가 매집이 필요할 때 자주 출현하는 패턴이다. 짧게는 3개월 보통은 6개월 정도의 기간조정을 보인다.

이 기간 동안에 주가가 혹시 올라갈 것 같으면 의도적으로 대량의 매물을 내놓으면서 누르기를 하거나 갑자기 예상 밖의 급락을 시킨다. 이로써 상승에 대한 의지를 꺾어버린다. 반면 주가가 특정 가격대까지 하락하거나 시장악화로 급락할 경우는 어떨까? 이때는 대기 매수세 중심으로 매수세를 이어나가거나 안정된 주가 흐름을 위해 장 막판 무렵에는 적극적으로 개입하여 종가관리를 하며 일정한 가격대를 맞추게 된다.

이와 같은 방식의 주가관리를 통해 특정 가격을 고점과 저점으로 만들며 작은 진동만을 보이면서 트위스터형이 만들어진다. 이 과정에서 지루해진 기보유자들은 물론 대기 매수자들 역시 새롭게 뛰어가는 다른 종목으로 자연스럽게 시선을 옮기게 되며 그 물량이 주요 주체들에게로 모아진다. 이것을 보통 '개미핥기'라고 부른다.

트위스터형 패턴의 매수 타이밍은 다음과 같이 잡는다. 단기 바닥을 형성하고 전저점이 한 차례 이상 지지가 되었다고 하더라도 중·단기 크로스(이후 설명)인 20일·60일선 교차가 처음 출현하는 시점에서는 기술적인 반등에 그치는 경우가 많다. 따라서 최적의 매매 방법은 중·단기 크로스가 최소한 2번 이상 이뤄질 때 60일선을 최종 손절가로 책정해 매수하는 것이다. 이 방법으로 단기간 높은 수익을 얻을 수 있다.

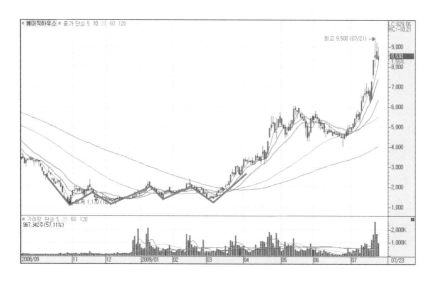

(3) L자형

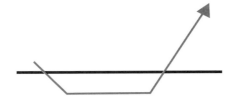

고점 대비 크게 하락하는 가격조정 후 뚜렷한 반등 없이 오랜 시간 기간조정을 받던 주가가 강력한 상승을 시도하는 패턴을 L자형 패턴이라고 한다. 이전에 종목의 주인이었던 이들이 고점 부근에서 전량 수익실현을 하고 이탈한 패턴이다. 주가는 대개 고점 대비 1/5 넘게까지 하락한다. 이런 과도한 하락에도 불구하고 이러한 종목은 매수 주체 부재로 시장에서 점점 소외되면서 지루한 움직임을 보인다.

이처럼 가격조정에 이어 기간조정까지 이어지면 기보유자들에게는 견디기 힘든 나날이 된다. 이에 따라 대부분이 주식을 포기하고 시장에 물량을 내놓게 된다. 기보유자는 물론 신규 매수자 역시 대응하기 힘든 구간으로 새로운 매수 주체가 입성하기만을 기다리는 패턴이다. 최소 6개월에서 최대 12개월 이상의 기간조정을 보이는 동안 새로운 주인들은 이 구간을 통해 원하는 물량을 아주 낮은 가격에서 천천히 모아간다.

이 패턴을 공략하기 위해서는 어떻게 해야 할까? 상승 캔들의 유형과 거래량상 기린형 패턴(이후 설명)이 주로 이루어진다는 점을 유념한다면 상승 초기 시점에 승선할 수 있다. 이러한 종목을 발굴하는 데 HTS에서 종목

검색을 활용할 수 있다. 검색 조건에 최근 6개월 이상 횡보한 종목군들을 설정하고, 단일 거래량이 최근 평균 거래량의 10배 이상 증가할 경우 신호를 주도록 설정하면 된다. 그러면 장중이라도 보다 쉽게 찾아낼 수 있다.

L자형 추세전환 초기에 거래량상 완벽한 기린형 패턴이 출현되지 않을 경우에는 급격한 상승이 아닌 점진적인 형태의 계단식 상승이 나타날 때도 있다. 이 경우 공격적인 투자자라면 핵심 기준선인 120일선을 양봉으로 돌파할 때가 매수 타이밍이다. 초기 매수 급소를 놓쳤거나 확인매매를 하는 투자자라면 120일선 돌파 이후 눌림목 출현 시가 최적의 매수 타이밍이다. L자형 패턴은 본격적인 상승을 위해 120일선을 돌파한 이후 마지막 매수 기회를 한차례씩 주는데 대시세 종목인 경우는 대부분 20일선 부근까지 눌림목을 형성하고 계단식 상승인 경우는 60일선 부근까지 눌림목이 깊어진다.

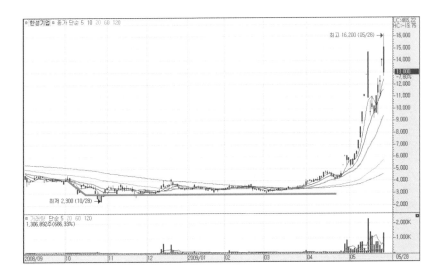

(4) 스푼형

L자형 안에 작은 L자형이 추가되어 조합된 패턴이다. 기간조정 이후 추가 매집을 위해서 전저점을 살짝 이탈한 후 시세를 주는 유형이다. 보통 개별주 또는 소형주에서 출현한다.

스푼형의 초기 시점은 L자형과 유사한 모습으로 진행되는데, 시세 임박 전 의도적으로 최근 수개월 동안 강력하게 지지해온 가격대를 이탈한다. 대시세에 대한 기대를 꺾고 실망매물을 받기 위해서다. 강력한 지지라인이 되던 저점을 붕괴시키면 대부분 기보유자들은 추세이탈에 따른 급락의 공포 때문에 앞 다퉈 매도에 나선다.

스푼형을 포착하기 위해서는 전저점을 이탈할 때 거래량이 증가되었는지 먼저 살펴야 한다. 스푼형은 앞서 말한 대로 의도적이고 일시적인 하락으로서 거래량을 동반하지 않는다. 그다음 중요한 것은 전저점을 이탈한 후의 흐름이다. 전저점 이탈이 일시적인 조정인지 아니면 추세에 문제가 있는지를 알기 위해서는 이탈한 기준일로부터 3일 동안의 흐름을 살핀다. 3일 내에 다시 원래 가격대에 재진입한다면 스푼형이 완성되었다고 본다.

이 패턴을 공략하기 위해서는 어떻게 해야 할까? L자형과 동일한 대응

전략을 구사하면 된다. 즉, 상승 캔들의 유형과 거래량상 기린형 패턴을 활용해 초기에 공략한다. 적극적인 투자자라면 L자형과 마찬가지로 120일선을 양봉 돌파 시가 매수 타이밍이다. 초기 매수 급소를 놓쳤거나 확인 후 진입하고 싶다면 120일선을 돌파한 이후 5일선 또는 10일선 부근에서 눌림목을 형성할 때를 매수 타이밍으로 잡는다.

(5) J자형

J자형은 스푼형의 변형으로 스푼형과 유사한 모습이되 이탈 부분이 더 깊고 넓은 것이 특징이다. 기간조정 후 추가 매집과 단기 거래자들의 매물을 받기 위해 일시적으로 급락을 보인 후 시세를 주는 유형이다. 보통 개별주 또는 소형주에서 출현한다.

J자형의 초기 시점은 스푼형과 유사한 모습으로 진행된다. 하지만 시세 분출을 앞두고 이유 없는 급락세로 최근 수개월 동안 강력하게 지지해온 가격대를 큰 폭으로 이탈하며 모든 이동평균선을 붕괴시키기도 한다. 기보유자들은 추세이탈에 따른 급락의 공포로 매도하기 바쁘며 이 물량은 고스란히 새로운 주인들에게로 옮아간다.

이 역시 의도적인 급락이기 때문에 전저점을 이탈하는 하락 구간에서 거래량의 증감 여부를 먼저 살펴보아야 한다. 그다음 이탈한 시점을 기준으로 5~7거래일 사이에 기존 추세를 회복하거나 최소한 단기선인 5일선을 회복했는지를 확인해야 한다. 5~7거래일 동안에 회복하지 못한다면 일봉 차트는 물론 주봉 차트상에도 문제가 생기게 된다. 또한 주요 주체들의 평균 매입단가보다 주가가 낮아져 내부적인 문제가 생길 수 있다.

이 패턴의 적극적인 매수 타이밍은 거래량상 기린형 패턴으로 5일선에 안착되는 것을 확인한 후로 잡되 매매결정의 기준선을 5일선에 둔다. 초기 매수 급소를 놓친 투자자 또는 확인매매 성향의 투자자라면 120일선을 돌파한 후 지지되는 흐름을 보고 120일선을 최종 손절선으로 설정하여 매수에 임한다. 이 두 가지가 대시세 랠리에 편승할 수 있는 최적의 매수 타이밍이며, 이미 시세를 분출하는 시점에 편승해서는 리스크가 너무 크다는 점을 명심해야 한다.

사례

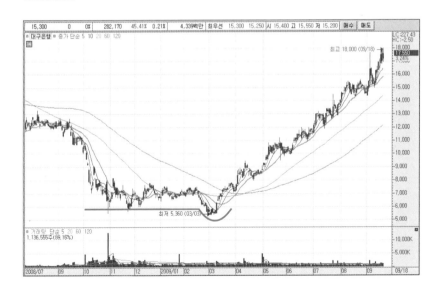

(6) N자형

  상승추세를 이어가던 중 추가 상승을 위해 일시적인 숨고르기 과정을 보인 형태로 흔히 눌림목 패턴이라고 한다. 본격적인 시세 분출을 앞두고 1차 예비파동을 통해 시장에서 출회될 수 있는 물량이 어느 정도인지를 테스트하는 것이다. 1차 예비파동에서 출회될 물량이 적다고 판단될 경우에는 단기 가격조정을 보인 후 바로 시세를 주는 경우가 대부분이다. 대개는 전저점까지 조정을 보이지 않고 그전에 상승으로 반전한다. 반면 시장에서 출회될 물량이 많거나 뜻하지 않은 다른 주인들이 붙었다고 판단되면 기간조정을 통해 상승을 지연시킨다.

  N자형은 실전에서 가장 쉽게 발견할 수 있는 패턴으로 2차 상승 반전 시 제반 이동평균선의 정배열이 동시에 이뤄지므로 시세가 오래간다. 초기 상승파동의 각도에 따라 다소 차이가 있지만 보통 단기선인 10일선 지지로 2차 상승에 돌입한다. 만약 추가 조정이 진행되더라도 전저점까지 하락하지 않고 상승폭의 50% 미만인 20일선 지지로 안정적인 눌림목을 형성하며 재상승을 이어간다. 눌림목이란 전고점 대비 완만한 조정으로 저점이 높아지는 모습을 말한다. 조정폭이 얕을수록 매물부담이 줄어들기

때문에 상승폭 50% 미만에서 눌림목을 완성하는 것이 가장 이상적이다.

N자형 패턴을 공략할 때는 대형주일 경우 20일선 눌림목을 진입 시점으로 설정하고, 탄력성 강한 개별주 또는 소형주일 경우에는 20일선보다 조금 빠른 10일선 눌림목을 예상하여 매수한다. 초기 매수 급소를 놓쳤거나 확인매매를 원한다면 1차 상승 파동과 동일하거나 그 이상의 거래량으로 전고점을 돌파할 때가 최적의 매수 타이밍이다.

N자형에서 유의할 점은 단기간에 만들어지는 패턴이므로 독자적으로 큰 시세를 내기에는 부족하다는 점이다. 이 패턴의 완성도를 높이기 위해서는 사전에 W자형 또는 트위스터형과 유사한 그림이 있어야 한다. 큰 시세를 주기 위해서는 매집 과정이 반드시 선행되어야 하기 때문이다.

사례

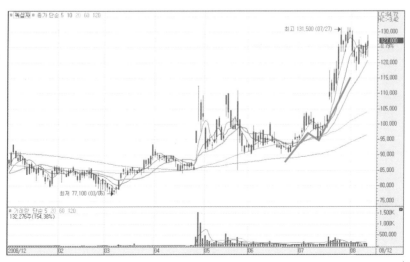

(7) 손잡이가 달린 컵형

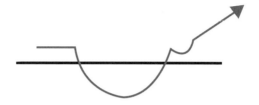

둥근 바닥형은 상승 신호로서 신뢰도 높은 패턴이다. 고점에 머물고 있던 주가가 추세 이탈에 따른 매물 압박으로 단기 저점까지 하락한 이후 V자형 급반등이 아닌 원형의 바닥 다지기를 거쳐 상승하는 모습을 보인다. 바닥을 다진 후 상승하는 과정에서 전고점 수준에서 저항을 받아 일시 하락 구간이 형성되기도 하는데 특히 이러한 모습을 손잡이가 달린 컵형이라 부른다. 차티스트로서는 세계 일인자로 알려진 『차트 패턴』의 저자 토마스 불코우스키도 자신의 책에서 상당한 페이지를 할애해 분석해놓았다. 이 패턴의 활용에 대한 또 다른 심층 정보를 윌리엄 오닐의 『공매도 투자 기법』에서도 얻을 수 있다.

손잡이가 달린 컵 패턴은 둥근 바닥형 중 오른쪽 상승 구간의 중간 위치 또는 2/3 국면에서 다시 한 번 단기 매매자들의 물량을 빼앗기 위해 얕은 조정이 추가되면서 만들어진다. 대다수 투자자들은 오랜 기간 하락 이후 첫 반등 국면이라는 점에서 추가 상승을 기대한다. 하지만 상승이 지지부진해지고 조정이 닥치면 단기 반등이었다고 판단하고 물량을 내놓기 마련이다. 주요 주체들은 이때를 마지막 매집 기회로 적극 활용하면서 1차 상승보다 더한 기세의 2차 시세를 준비해간다.

이 패턴의 이상적인 조건은 다음과 같다.

① 상승 추세 중에 만들어진 컵형일 때 향후 상승탄력이 강하다.

간혹 횡보하던 주가가 하락하여 컵을 만들기도 하고 하락 추세 중에도 형성될 수 있다. 이 경우에도 어느 정도의 상승 가능성은 있으나 가장 시세가 클 확률은 우상향 중에 패턴이 나타날 때이다.

② 최초 하락의 이유가 시장의 영향일 때 상승 강도가 강하다.

최초 컵을 만들기 시작하는 하락이 개별 주식의 악재나 수급으로 하락한 것보다는 전체 시장의 영향으로 동반 하락한 경우 향후 다시 상승할 때 시세 강도가 강하다. 상승 중이던 종목 중에서 시장 외부적 돌발 변수나 전반적인 시장 침체로 동반 하락하는 경우가 많은데 이때 손잡이가 달린 컵형의 발생 빈도가 높다.

③ 하락폭의 절반 이상에서 조정이 일어나 손잡이가 형성되어야 한다.

컵의 왼쪽 단면, 즉 하락폭을 계산하여 컵의 오른쪽 단면, 즉 다시 상승할 때의 폭이 50% 이상 지점에서 조정을 받아야 한다. 하락폭의 절반도 안 되는 지점에서 반락할 때는 추가 상승보다는 일시 반등으로 보아야 한다. 이런 형국을 죽은 고양이라도 높은 곳에서 떨어뜨리면 조금은 튀어오른다는 의미로 데드 캣 바운스^{dead cat bounce}라 부른다. 즉, 매도세가 완전히 제압된 것이 아니므로 하락이 지속될 수 있다고 보아야 한다.

④ 손잡이의 깊이가 얕아야 한다.

컵의 손잡이가 상단에서 만들어지고 그 조정폭이 적을수록 이후 시세가 강하다. 컵의 손잡이가 오른쪽 상단에서 만들어졌다는 말은 1차 상승이 전고점 지점까지 이뤄졌다는 의미로 매수세가 강함을 나타내며 이 지점에서 조정폭이 얕다는 것은 이후 소화해야 할 매물이 적다는 것을 의미한다. 이런 조건에서는 1차 상승 이후 매물 출회 부담이 적은 상태에서 큰 시세를 분출할 수 있다.

이런 이상적인 패턴을 발견했다면 언제라도 진입할 수 있도록 대기하고 있는 것이 좋다. 최적의 진입 타이밍은 손잡이를 완성하고 전고점을 돌파할 때다. 전고점을 돌파하면서부터는 가파른 상승을 보이므로 추격매수해서는 안 된다. 1차 시점을 놓쳤다면 돌파 이후 눌림목을 줄 때를 노린다.

요약하자면, 손잡이를 만드는 과정에서 거래량이 없고 작은 음봉으로 하락했다면 그때부터 분할 매수 타이밍으로 잡는다. 돌파한 후 눌림목을 형성할 때 나머지 자금을 이용하여 추가 매수하는 것이 최적의 거래 전략이 된다.

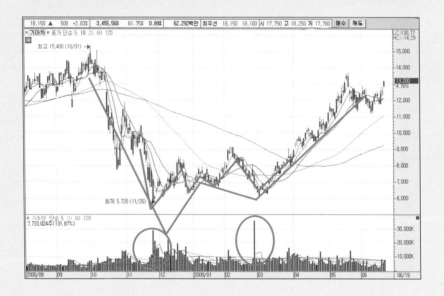

 주가가 급락한 후 다중바닥 형태로 조정을 받다가 본격 상승하는 모습
이다. 크게는 W자형으로 볼 수 있고 그 안에서 트위스터형을 발견할 수
있다. 바닥 부분에서 가장 낮은 저점과 상승 반전 직전의 거래량을 유심히
보기 바란다. 각 거래량이 어떤 의미를 내포하고 있는지는 다음에 다룰 주
제 '거래량'에서 자세히 설명하도록 하겠다.

일정 가격대를 유지하던 주가가 큰 폭으로 하락한 후 다시 4개월여의 횡보를 보인 후 시세를 주는 모습이다. 대시세 패턴 유형 중 L자형에 속한다. L자형의 수평 부분에서 주가가 일정 수준을 유지하면서 단봉으로 이어지는 구간이 있음을 주목해 보라. 횡보 후 주가 변동성이 일어날 때에도 폭락 시의 저점은 깨지 않았다는 사실도 주목하기 바란다. 이런 방식으로 차트와 캔들, 거래량 하나하나에 집중한다면 차트의 맨 오른쪽에서도 자신 있는 결정을 내릴 수 있게 될 것이다.

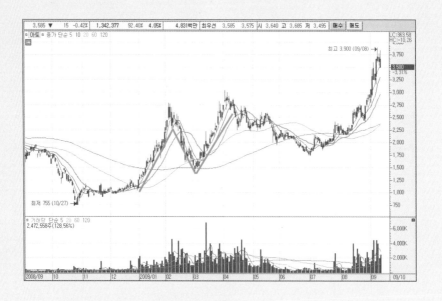

　큰 폭의 시세를 준 후 깊은 가격조정을 받고 다시 한번 전고점을 넘는 시세를 준 종목이다. 크게 보면 N자형이라고 할 수 있다. 하지만 이 패턴은 우리가 바로 앞에서 이야기한 N자형과 다르다. 우선 주가의 위치를 확인하자면, 바닥에서 만들어진 것이 아니다. 그리고 1차 시세 때와 2차 시세 때 자주 등장하는 캔들의 색깔을 보라. 1차 때에는 양봉이 잦아 상승의 기대가 충만함을 알 수 있다. 하지만 2차에서는 음봉의 몸통이 길어 매매자들이 주저하고 있다는 사실이 드러난다.

　이미 직전에 시세를 준 종목은 매매를 하지 않는 것이 가장 바람직하다. 하지만 그 재료의 가치가 대단하다면 전저점에 이르기 전에 반전했다는 점과 이동평균선 수렴 지점에 장대양봉이 출현했다는 근거로 진입은 하되 목표가를 보수적으로 잡아야 한다.

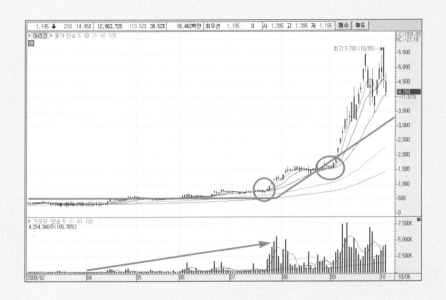

　　전형적인 L자형이다. 횡보 기간이 길고 이동평균선이 수렴된 후 정배열
로 전환함으로써 이미 엄청난 시세를 내포하고 있었을 것임을 짐작할 수
있다. 2개월도 안 되는 기간에 1,000%의 시세를 보여주는 꿈의 대시세 종
목이다. 단봉으로 이어지는 오랜 횡보 기간, 점증하는 거래량, 1, 2차 상
승파동 후 단기선까지 눌림목을 주며 숨고르기를 하는 점 등이 이 차트에
서 집중해야 할 핵심 포인트다.

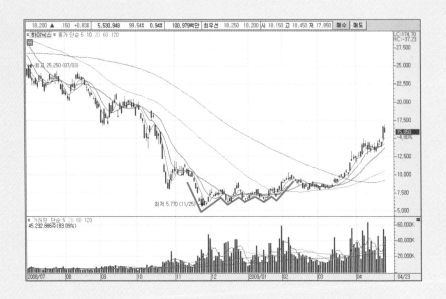

오랜 하락 후 트위스터형을 만들며 상승으로 전환한 모습이다. 하락 구간과 상승 구간의 거래량을 비교해서 보기 바란다. 이전 거래량의 3~4배를 넘는 대량 거래와 함께 순환매와 매집이 진행되는 중임을 짐작할 수 있을 것이다. 하락의 폭과 기간이 상당했던 만큼 매물 소화 작업이 선행되어야 시세를 낼 수 있다.

하락세의 진정과 함께 저점을 지지하는 주가 움직임, 이동평균선의 재배열을 눈여겨봐야 한다. 이 종목은 이후 2차 시세를 주면서 22,000원대를 돌파했다. 트위스터형의 저점 대비 4배 가까이 치솟은 것이다.

3 거래량에서 이상 조짐을 살펴라

　이례적인 고점을 기록한 주가가 더 크게 상승하기 위해서는 다시 어느 가격대까지 하락을 한 다음 바닥을 다지는 과정을 가져야 한다. 대개 상투권 대비 최소한 세 차례 이상 하락 파동(하락 3파)이 진행되어야 가격에 대한 거품이 제거되었다고 본다. 그다음으로는 바닥을 다지다가 대량의 거래량이 나타나는 것까지 확인해야 매집이 진행된 것으로 볼 수 있다.

　여기서 말하는 하락 3파는 상승추세로의 전환을 위한 절대조건이 아니다. 종목에 따라서는 추가 하락 파동이 진행될 수 있다는 점을 명심해야 한다. 때문에 하락 3파가 만들어졌다고 맹목적으로 진입했다가는 큰 손실을 입을 수 있다.

　그러면 이제 바닥권에서 대시세에 필요한 매집을 어떻게 하는지 주목해야 할 6가지 거래량 유형을 통해 하나씩 살펴보자.

(1) 기린형

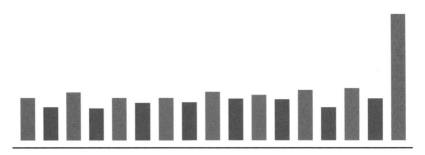

거래량 없이 계속 진행되던 종목에서 갑자기 대량의 거래량이 수반될 때 초원의 기린 같다고 해서 이름 지어진 패턴이다. 기린형은 주로 상승 초기에 나타나며 패턴의 완성도를 높이기 위해서는 최근 6개월 기간 중 최고의 거래량인지를 반드시 확인해야 한다.

특히 중·단기 골든크로스가 발생되는 시점에서 거래량이 폭발하면 대시세를 위한 매집 단계의 마무리 과정이므로 적극 매수한다. 반면 기린형 패턴 출현에도 불구하고 골든크로스가 발생하지 않는 경우는 어떨까? 이때는 추세전환보다는 일시적으로 매수세가 유입된 경우이거나 매집 초기 과정이므로 또다시 지루한 횡보가 이어질 가능성이 높다. 따라서 관심은 두되 적극적인 매매는 자제해야 한다.

초원의 기린이라는 이름이 왜 붙었는지를 명확히 보여주는 차트다. 주
가가 큰 폭으로 하락한 후 최저점에서 최대의 거래량이 나타났다. 차트는
W형 패턴을 그리며 이동평균선들을 차례로 교차해가면서 꾸준히 시세를
주고 있다. 기린형 출현 이후 첫 번째 중·단기 골든크로스 지점은 매매하
기에 확신이 부족한 곳이다. 위꼬리가 길게 달리면서 매도세 우위의 형국
임을 지속적으로 보여주기 때문이다. 이후 전저점을 지지하고 반등하여 2
차 중·단기 골든크로스가 이뤄진 지점에서 주가가 확실히 이동평균선을
딛고 서는지를 확인한 후 진입하면 최적의 거래가 될 것이다.

(2) 폴대형

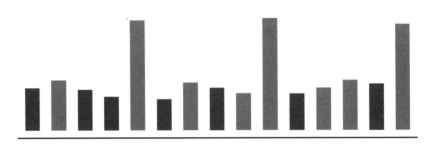

매집의 완성도를 높이기 위해 일정 기간 기린형 패턴이 수차례 반복 출현하면서 만들어진 형태다. 패턴의 완성 기간은 최소한 3개월에서 6개월 이상이다. 그 기간 동안 기린형이 3번 이상 출현하면 폴대형이라고 부를 수 있다. 최초 기린형은 이전 6개월 동안의 거래량 중 최고를 기록한다는 조건을 갖지만, 이후 기린형은 기간은 생략하고 거래량 막대의 크기만을 본다.

거래량과 주가가 비슷한 운동성을 보이면서 주가가 박스권을 형성하고 박스권 상단을 3번 이상 건드린다면 시세가 임박했다는 표시로 받아들여도 좋다. 이런 상황의 차트는 계속 주시하면서 앞서 언급한 상승 암시형 캔들군이 등장하면 매수에 동참한다.

거래량만 보면 초원의 기린이 줄지어 서 있는 모습 같다. 처음 기린형이 출현한 이후로 주가는 직전 고점까지의 상승을 했는데 이때부터 이전과는 확연히 구분이 될 만큼 거래량 증가가 확인된다. 횡보와 하락 구간에서 실종됐던 매수세가 살아난 것이다.

차트 중앙 부분의 최대 거래량 이후 가장 큰 시세가 나오며 이후 고점 횡보 후 거래량 급증에 이어 이동평균선에 지지되면서 재차 상승하는 것을 눈여겨보기 바란다.

(3) 징검다리형

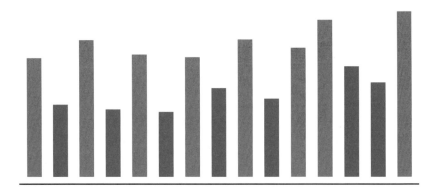

주가가 상승하는 동안 거래량이 증가하는 것은 자연스러운 현상이다. 그런데 어느 특정 시점에서 주가와 상관없이 거래량만 증가했다 감소했다를 반복하며 투자자들을 다소 혼란스럽게 하는 흐름이 연출되기도 한다. 이 패턴은 거래량이 주가에 선행한다는 점을 역이용한 매매 형태로 주가와 거래량의 엇박자에 개인 투자자들이 혼란스러워하다 포기하게 만든다.

다음 페이지의 사례 차트를 보라. 만약 자신이 이 종목을 보유하고 있다고 가정하고 2008년 11월 말부터 주가 흐름을 따라왔다고 생각해보라. 오르는가 싶더니 떨어지고, 또 오르는가 싶더니 떨어지기를 4개월 가까이 반복한다면 그때까지 보유하고 있었겠는가.

징검다리형은 대개 시세 분출 초기에 출회될 매물을 테스트하는 과정에서 나타난다. 매수 타이밍은 거래량상 양음양음 패턴 이후 주가가 눌림목을 형성하는 20일선 부근이다.

이 차트는 거래량이 전일비 증가의 경우 빨간색, 감소의 경우는 파란색으로 표시되도록 환경설정을 하였다. 보통은 상승일에 거래량도 증가하고 하락일에는 거래량도 줄어든다. 반드시 들어맞는 것은 아니지만 전체적으로는 그러한 경향에서 크게 벗어나지 않는다는 의미다. 하지만 차트에서 보는 것처럼 이 종목은 주가 움직임과 거래량 변동의 상관관계가 현저히 낮으며 거래량만으로 하나의 리듬을 보이고 있다.

징검다리형 거래량만 가지고 거래 진입을 판단하기에는 리스크가 높은데 주가의 패턴 형성이나 이동평균선의 상태(이후 설명)에 대한 신뢰도를 높여준다는 점에서 반드시 알아두어야 할 거래량 패턴이다.

(4) 거래량 증가형

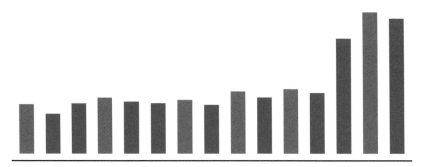

주가가 상승할수록 거래량이 증가하는 것은 자연스러운 현상으로 전형적인 상승 초기 패턴이다. 이 국면을 지난 후 주가가 조정을 받을 때는 거래량 역시 감소하는 특징을 보인다. 거래량 증가형은 주가와 거래량의 자연스러운 연관관계 안에서 매집이 이뤄지는 패턴이다.

유의해야 될 점은 추가적인 매집을 위한 전초적인 과정으로 조만간에 조정을 통해 눌림목을 형성한 이후 본격적인 시세를 분출한다는 것이다. 따라서 초기 시점에서 공략을 못했다면 추격매수에 나서지 말고, 조정 시 10일선이나 20일선 부근을 매매 포인트로 설정하는 것이 흔들림 없이 시세에 올라탈 수 있는 방법이다.

차트 맨 왼쪽을 보면 주가 횡보 구간의 거래량과 시세를 분출하기 시작
하는 1월 말 시점의 거래량이 달라지고 있음을 확인할 수 있다. 횡보 단계
보다 눈에 띄게 거래가 활성화된 것이다. 이후 3월 말 4월에 걸쳐 고점을
찍고 가격과 기간조정을 거치는 구간에서는 다시 거래량이 점점 줄어들고
있다.

(5) 거래량 감소형

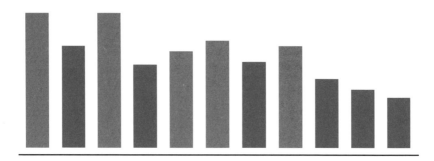

앞의 패턴과 반대의 경우로 주가가 상승하는데도 거래량이 지속적으로 감소하고 있다. 이런 상황은 예외적인 것이기 때문에 개인 투자자들로서는 당황하기 쉽다. 이러한 패턴을 보이는 경우는 두 가지이다.

첫 번째는 횡보하던 주식이 시세 분출에 임박하여 직전에 대량 거래가 터진 경우이다. 이는 장거리 운전을 하기 전에 주유소에 들러 기름을 채우는 것과 같다. 강력한 상승을 위한 마지막 에너지 유입 단계로 종목의 주인들은 막바지까지 최대한 물량을 흡수하기 위해 대량 거래를 유도한다. 이 물량이 일부 주체들에게 집중됨으로써 시장에서는 매물공백 현상이 이어져 거래량이 확연히 줄어든 상태에서 주가는 가파르게 상승한다.

두 번째는 고점 대비 크게 하락한 종목이 단기 바닥에서 곧바로 투매물량을 소화하고 V자 형태로 급상승할 때 주로 나타나는 패턴이다. 혹은 횡보 조정을 보이다가 단기 물량을 소화하고 급상승할 때도 단기 매물공백에 의해 이러한 패턴이 나타난다.

주가의 움직임을 먼저 살펴보자. 7,000원대를 기준으로 횡보하던 주가
가 2009년 2월 말과 3월에 걸쳐 지지 영역을 하향 이탈하여 5,450원까지
하락했다. 이후 상승으로 방향을 잡고 제반 이동평균선들을 돌파하면서
주가가 움직이기 시작한다. 3월 중순의 소폭 기간조정을 거쳐 4월 중순에
이르기까지 주가는 줄곧 상향한다. 그런데 주목할 것은 여기까지의 거래
량 변화이다.

횡보하다가 지지 영역을 하향 이탈할 때도 대량 매물이 출회되는 일이
없었으며 상향 반전하여 거의 100%에 가까운 상승을 하는 동안에도 거래
량이 크게 늘어나지 않았다. 3월 중순 큰 폭으로 상승하는 양봉 구간에서
는 거래량이 도리어 줄어들었다. 이는 주인들이 물량을 충분히 매집하였
음을 보여주는 것이다.

기타 거래량 실전 유형

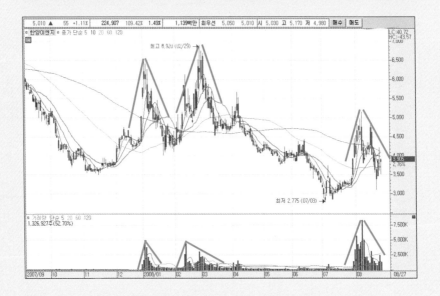

　　주가와 거래량의 일반적인 관계를 잘 보여주는 차트다. 주가 상승 구간에서 거래량이 증가하고 하락 구간에서는 줄어든다. 그리고 고점에서 장대음봉과 대량 거래가 동시 등장할 때는 이후 하락을 나타낸다. 이러한 주가와 거래량 상관관계에서 벗어나는 이례적인 차트를 발견하면 그 종목에서 시세 가능성을 찾는 것이 우리들의 목적이다.

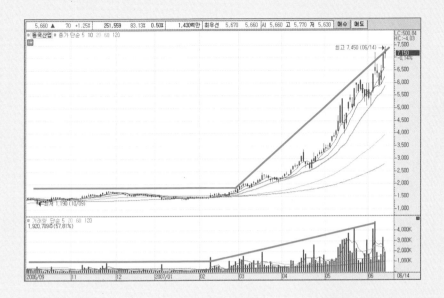

주가와 거래량과의 일반적인 상관관계를 보여주는 또 하나의 차트다. 주가가 상승을 하는 동안 거래량도 점진적으로 증가하고 있다. 이처럼 주가가 오랜 기간 상승을 하는 종목은 그에 맞게 거래량도 유지가 된다.

그러다 주가 상승의 막바지에는 상승 초기보다 훨씬 많은 거래량이 연속적으로 일어난다. 이 종목도 그런 패턴을 제대로 보여주는 종목이다. 고점에서 거래량이 급격히 늘어나면 매도를 준비해야 한다는 점을 이 차트에서 배우기 바란다.

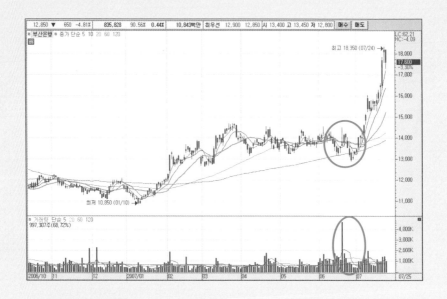

　　1차 상승 후 일정한 거래량을 유지한 채 주가는 상하 진폭을 줄여가며 일정 가격대를 중심으로 움직이고 있다. 횡보 구간 마지막 지점에 대량 거래가 발생한 후 거래량 감소와 함께 전저점을 붕괴시켰다. 그러나 직후부터 거침없는 시세가 분출되고 있다.

　　대량 거래 후 2차 시세 전 전저점을 깨는 하락에도 거래량이 이전과 비교하여 큰 변화가 없음을 눈여겨보는 것이 이 차트의 핵심 포인트다.

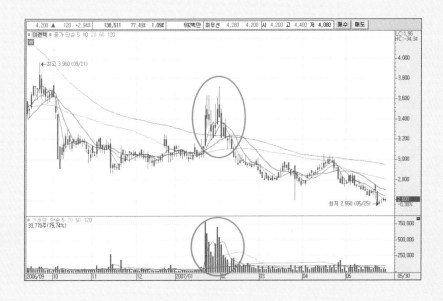

고점에서 단기 폭락하여 하락세가 진정되고 횡보가 진행되고 있던 중
에 대량 거래가 발생하면서 주가가 반짝 들어올려진 구간을 볼 수 있다.
이러한 대량 거래는 주가를 끌어올리려는 것이 아니라 이전 시세의 고점
에서 물량을 미처 처리하지 못한 종목의 주인들이 잔여 물량을 쏟아내고
자 만들어내는 것이다.

　횡보 중 대량 거래가 터지며 장대양봉으로 치솟던 날 많은 개인들이 따
라붙었을 것이다. 이전 4개월의 횡보 중 단봉이 밀집되어 있는 것도 그럴
싸해 보였을 것이다. 하지만 장기 이동평균선이 가파르게 내려오고 있다
는 점을 다시 한 번 보라. 이전에 시세가 분출되고 나서 충분한 시간이 지
나지 못했다는 뜻이며 이동평균선의 배열도 아직은 들쭉날쭉하다.

이런 지점에서 진입했다가는 언제 끝날지 모를 하락 구간을 맞이해야 한다. 애초에 이런 상태의 종목은 매매를 하지 않는 것이 상책이다. 하지만 장대양봉에서 진입했다 하더라도 다시 장대음봉이 출현하며 그에 버금가는 대량 거래가 일어날 때에는 일단은 물러서고 봐야 한다. 해당 기간이 아니라 이전의 데이터를 살펴야 하는 것은 바로 이러한 이유 때문이다.

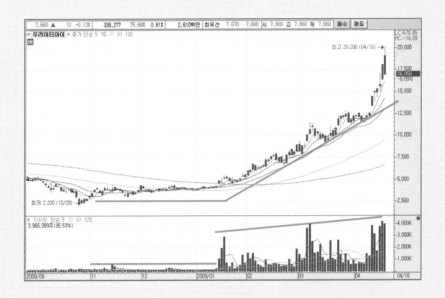

　주가가 횡보를 하는 구간에서는 거래량이 없다가 주가가 본격적인 상승

추세를 이어가는 순간부터 대량 거래가 연속적으로 터지고 있는 모습이다.

　상승추세를 이어가는 종목은 거래량이 연속적으로 터지는 경우가 많기

때문에 거래량이 다시 침체될 때까지는 매매에 나서도 좋다. 지속해서 거

래량이 터지는 한 종목이 살아 있는 것이기 때문에 매매 타이밍을 계속 잡

을 수 있다.

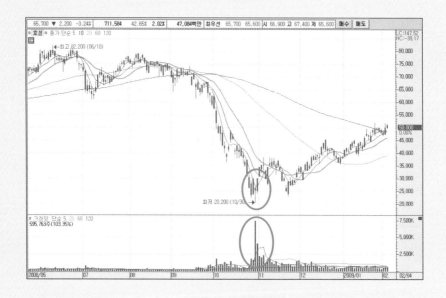

　보기에도 살벌할 정도로 단기 급락을 보인 차트다. 보통 이런 하락은
기업에 치명적인 악재가 발생한 경우에 나타난다. 그런데 주가가 반토막
도 넘게 폭락한 후 어느 날 갑자기 대량 거래가 터지면서 하락세가 진정된
다. 아래로 긴 꼬리를 달았다는 것은 공포감에 매도한 물량이 많았고, 그
물량을 매수세가 모두 흡수했다는 뜻이 된다. 더욱이 망치형으로 마감했
다는 것은 시가를 넘어서 더 상승할 만큼 매수세의 위력이 대단했음을 보
여준다. 이 기세로 주가는 반등에 성공하지만 20일 이동평균선의 저항을
받고 되돌아온다. 그리고 전저점에 이르기 전에 재반전에 성공함으로써
쌍바닥을 완성하고 이동평균선들을 차례로 넘어서며 시세를 주고 있다.
이 차트에서는 대량 거래가 터진 가격대와 그날의 캔들 모양을 주시하라.

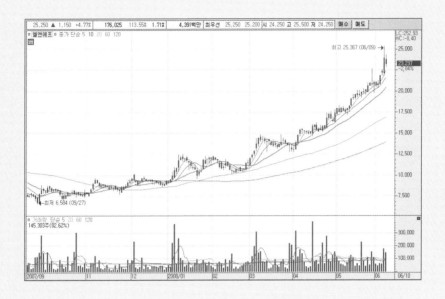

비슷한 규모의 파동을 그리며 완만한 상승세가 지속되는 모습이다. 상
승이 진행되는 동안의 거래량을 보라. 대량 거래가 터지면서 상승을 하고
상승추세를 훼손하지 않을 정도의 조정을 받은 다음 다시 대량 거래가 터
지면서 상승을 하고 조정을 받는 모습이 반복되고 있다. 그러면서 7개월
동안 추세적인 주가 상승을 보여주고 있다.

이런 종목은 본격적으로 상승하나 싶어 따라 들어가면 조정을 받곤 하
기 때문에 투자자 입장에서는 매매하기에 매우 까다로운 종목이다. 그래
서 이런 종목을 매매하려면 전체 추세를 확인한 후 대량 거래가 터지고 조
정을 받는 시점에서 매매 타이밍을 잡는 것이 좋다.

4 분출의 시기와 폭은 이동평균선으로 파악하라

　대시세를 분출하는 대다수의 종목들이 고점 대비 크게 하락한 이후 본격적인 매집을 위해 짧게는 3개월, 길게는 1년 이상 지루한 기간조정을 반드시 필요로 한다. 기간조정은 말 그대로 주가가 제한된 등락을 반복하는 구간이 시간적으로 소요되면서 숨고르기를 하는 것을 말한다. 이때 이동평균선은 주가 하락 과정에서 확대되었던 이격이 점차 축소되면서 비슷한 가격대로 모여든다. 이렇게 이동평균선이 촘촘히 모인 것을 수렴이라고 부르며 수렴 상태는 에너지 응집 상태라고 말할 수 있다.

　하지만 기간조정을 보였다고 해서 모든 종목이 곧바로 시세를 내는 것은 절대 아니다. 횡보가 이어지다 계단식 하락을 하는 경우도 흔하며, 일시적인 반등이 있다가 또 다시 긴 횡보를 이어가기도 한다. 결국은 시세를 준다 할지라도 너무 빠른 선취매로 마음고생을 할 필요가 없기 때문에 최적의 매수 타이밍을 잡아야 한다.

　정확한 매수 타이밍을 포착하기 위해서는 앞서 살펴본 캔들과 패턴, 거래량에 이어 이동평균선을 분석해야 한다. 이동평균선 분석은 이동평균선의 배열상태, 제반 이동평균선의 간격, 교차 여부 등을 기본으로 한다. 지금부터 대시세 종목 발굴의 기술적 도구 네 번째인 이동평균선을 살펴보자. 여기에서 특히 중요한 점은 다음 제시하는 3가지로 요약할 수 있다. 골든크로스, 눌림목, 장기 이동평균선 돌파 여부다.

(1) 골든크로스

골든크로스란 단기 이동평균선이 그보다 장기의 이동평균선을 상향 돌파하는 것을 말한다. 기간에 따라 다음과 같이 나눌 수 있다.

- 5일선이 20일선을 상향 돌파 : 단기 골든크로스
- 20일선이 60일선을 상향 돌파 : 중기 골든크로스
- 60일선이 120일선을 상향 돌파 : 장기 골든크로스

골든크로스가 발생하면 흔히 강력한 매수 급소로 받아들여진다. 기간 조정 중에 이와 같은 골든크로스가 발생했을 때 매수에 동참한다면 과연 수익으로 직결될 수 있을까? 다들 경험해봤을 터이지만 수익보다는 손실을 낼 확률이 훨씬 높다. 수익이라 할지라도 아주 소폭에 만족해야 한다는 사실을 너무나 잘 알 것이다.

우리가 이 책에서 배우는 것은 일반적인 매매 기법이 아니라 대시세 종목에서 수익을 내는 방법이라는 점을 다시 한 번 상기하자. 대시세 종목은 적은 수익이 아닌 인생역전을 할 만한 환상적인 수익을 안겨주는 종목을 말한다. 따라서 보편적인 매매 기법으로 대응한다면 아마도 마음고생을 많이 해야 할 것이다.

바닥권에서 기간조정 중에 단기 이동평균선인 5일선과 중기 이동평균선의 골든크로스가 발생했다고 하자. 이때 바로 매수에 동참하면 너무나 많은 기회비용을 들일 수 있다. 최악의 경우에는 주가가 다시 하락추세로

전환하면서 감당하지 못할 손실을 보는 경우도 있다.

이러한 우를 범하지 않기 위해서는 정확한 매수 시점을 포착해야 한다. 반드시 기억해아 할 점은 단기 이동평균선인 5일선과 중기 생명선의 골든 크로스가 3번 이상 발생한 이후 4번째 출현 시가 강력한 매수 급소가 된 다는 사실이다. 전저점을 이탈했을 경우는 이때부터 다시 횟수를 센다.

사례 1 5일선과 20일선 골든크로스

역배열 상태였던 이동평균선 중에서 단기와 중기 이동평균선이 3번째 골든크로스된 이후 완전한 상승세로 돌아서 시세를 내고 있다.

　바닥권에서 20일선이 60일선을 3번 교차 또는 근접했다 멀어지고 1차 시세가 나며, 조정 중 2번의 20일선과 60일선 골든크로스를 거쳐 2차 본격 시세가 분출되고 있다.

　이후 시세가 어떤 강도로 진행될지는 이동평균선의 배열 상태와 이격으로 예상할 수 있다. 이동평균선을 매매에 활용하기 위해서는 그 외 지표들을 함께 봐야 하므로 자세한 설명은 '이동평균선 실전 유형'을 참고하도록 하자.

(2) 눌림목

눌림목이란 주가가 일정 기간 동안 상승한 후 추가 상승을 위해 단기적으로 숨고르기를 하며 에너지를 비축하는 구간을 지칭한다. 눌림목은 4가지 형태로 분류된다.

- 5일선까지 조정 이후 지지되는 패턴 : 5일선 눌림목
- 10일선까지 조정 이후 지지되는 패턴 : 10일선 눌림목
- 20일선까지 조정 이후 지지되는 패턴 : 20일선 눌림목
- 60일선까지 조정 이후 지지되는 패턴 : 60일선 눌림목

주가 바닥권에서 특정한 가격대를 두고 움직이는 기간조정에서 중기 생명선인 20일선 또는 수급선 부근인 60일선 부근에서 눌림목이 발생했다고 하자. 이때 매수에 가담하면 아마 수익은 짧고 마음고생은 길 가능성이 매우 높다. 한마디로 잘못된 매매 기법이라 할 수 있다.

그렇다면 최적의 매수 타이밍은 언제가 될까? 자율적인 등락이 형성된 단기 저점에서 주가가 3차례 이상 지지되거나 단기 고점을 3차례 이상 돌파하고자 시도하는 과정 후 비로소 안정적으로 돌파되었을 때 공략하는 것이 좋다.

주식시장에서 '3'이란 투자자들의 심리를 읽을 수 있는 아주 중요한 숫자다. 양초 모양의 캔들을 창시한 주인공이자 사카타 5법이라는 거래 기법을 정립한 혼마 무네히사라는 에도시대 거상이 있다. 그를 우리나라에

최초로 소개한 『거래의 신, 혼마』에 보면 다음과 같은 대목이 나온다.

"혼마 무네히사는 사람들은 심리적으로 세 번의 똑같은 자극을 강하게 느낀다고 판단했던 것이다. 한 번, 두 번까지도 긴가민가했던 사람들조차도 세 번째는 강한 확신으로 받아들이게 되고, 이런 확신은 그 대중적 파급력이 강하다고 보았다."

그러한 이유로 3차례 이상 고점 돌파에 실패하면 대부분 투자자들이 강력한 벽으로 인식하고 그 지점에서 매물을 쏟아놓는다. 하지만 역으로, 특정 가격대에서 3차례 이상 지지와 저항을 받았다면 반드시 누군가에 주가가 관리되고 있다는 것임을 알아야 한다. 또한 주가 역시 제한된 흐름을 반복하는 동안 에너지를 압축했다는 점에서 크게 상승할 수 있도록 힘을 갖췄다고 할 수 있다. 일반 투자자들이 매매하기에 가장 이상적인 눌림목은 20일선 눌림목이다. 여기에 대해서도 다음 '실전 유형' 부분에서 자세히 짚어보기로 하자.

(3) 대시세에 필수적인 장기 이동평균선 돌파

주가가 본격적으로 시세를 내기 위해서는 장기 이동평균선인 120일선 또는 180일선의 돌파 여부가 매우 중요하다. 흔히 120일선을 경기선이라 지칭하며 향후 6개월 동안의 주가 추세를 결정 짓는다고 보고 있다. 180

일선은 세력들이 주식을 가장 순조롭게 매집하기 위해 통상적으로 걸리는 시간이 대략 6~12개월 사이라는 점에서 세력선이라 지칭한다.

120일선, 180일선 모두 장기간에 만들어지는 이동평균선으로 단 한 번의 돌파로 추세가 전환되기는 매우 힘들다. 최소한 3번의 돌파 시도를 통해 대다수 개인 투자자들을 지치게 만들어야 한다. 또한 이렇게 돌파된 가격대에서는 거래가 집중적으로 일어나므로 이후 강력한 지지선으로 작용하여 주가 상승의 버팀목이 되어준다.

주가가 이동평균선에 지지되면 어떻게 상승하는지를 보여주는 전형적인 차트다. 첫째 모든 이동평균선이 정배열되어 있으며, 각 이동평균선 간 이격이 급격하지 않고 완만한 상승을 보이고 있음을 주목하라. 이렇게 주가 변동이 크지 않으면서 꾸준히 상승하는 종목은 5일선이 주가에 밀접한 상태를 유지한다. 5일선을 기준으로 매매하는데 저점 대비 폭발적인 시세 분출기가 없었다면 주가가 5일선을 하회하더라도 크게 걱정할 것이 없다. 아래에서 올라오고 있는 보다 장기의 이동평균선들이 있기 때문이다.

이동평균선들의 급격한 데드크로스가 어느 정도의 하락을 불러오는지
보여주는 전형적인 차트다. 주가가 5일선을 하회한 지 일주일 만에 5일선
과 20일선의 데드크로스가 발생하고 이후 며칠 간격으로 보다 장기의 선들
을 데드크로스하며 주가가 무섭게 떨어진다. 그리하여 위 차트에서 최저점
의 가격대에는 주가부터 장기선까지 완전한 역배열 상태에 이르러 있다.

보유자라면 5일선이 20일선을 뚫고 내려가는 시점이 가장 빠른 매도 시
점이었을 것이다. 장기 투자자라 해도 주가가 모든 이동평균선을 뚫고 내
려가는 모습을 보이면 일단 매도하고 추세를 지켜보는 것이 좋다.

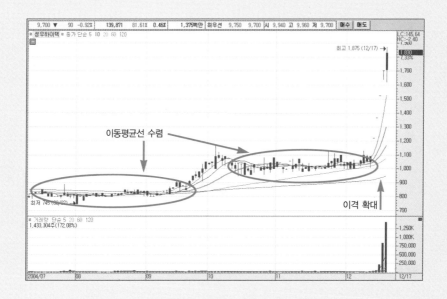

이동평균선의 수렴이 어느 정도의 에너지를 발산하는지 보여주는 차트다. 위 차트에서만 보더라도 3개월 이상의 기간 동안 횡보하면서 어지러웠던 이동평균선들이 한 지점으로 모인 다음 점차 정배열을 이루고 이격을 넓혀가고 있다. 이동평균선들의 운동을 교과서적으로 보여주고 있다.

처음의 예비 시세와 바로 이어진 1차 시세 후에도 중기 이동평균선들의 수렴이 한차례 더 진행된다. 그런 후 본격 시세를 분출하고 있다. 에너지를 1차적으로 분출한 종목은 조금 상승했다 하더라도 추세적인 상승이 가능한 경우가 많기 때문에 1차 상승 후 주가가 횡보한다면 버리지 말고 지속적으로 보유하거나 매수 타이밍을 노리는 것이 좋다.

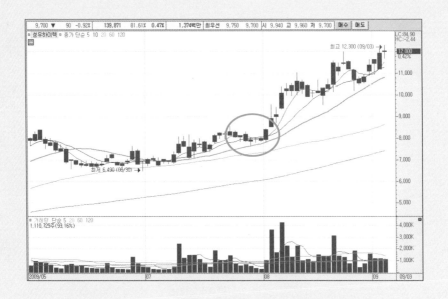

    20일선 눌림목을 보여주는 차트다. 저점에서 횡보하면서 이동평균선을 수렴시킨 주가는 거래량 급증과 함께 1차 시세를 보여주었다. 고점에서 위꼬리 달린 장대음봉이 출현하면서부터 주가는 5일선을 하회하며 포물선으로 하락하다 상승 중인 20일선을 만나 지지를 받았다.

    이 지점이 눌림목이 될 것인지 본격 하락이 될 것인지는 20일선을 만나던 날은 알 수 없으며, 주가가 20일선과 5일선 모두를 타고 올라선 몸통이 긴 역망치형에서야 확신할 수 있다. 아래로 모든 이동평균선이 정배열 상태로 부챗살 모양을 하고 있음을 기준으로 상승 쪽에 무게를 더 둘 수 있다.

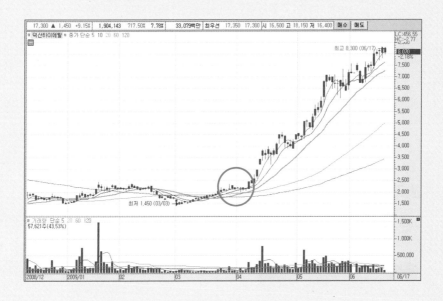

| 17,300 | ▲ 1,450 | +9.15% | 1,904,143 | 717.50% | 7.78% | 33,079백만 | 최우선 | 17,350 | 17,300 | 시 16,500 | 고 18,150 | 저 16,400 | 매수 | 매도 |

덕산하이메탈 종가 단순 5 10 20 60 120

최고 8,300 (06/17)

최저 1,450 (03/03)

거래량 단순 5 20 60 120
57,621주(43.53%)

2008/12 2009/01 02 03 04 05 06 06/17

　대시세에서 장기 이동평균선이 얼마나 중요한지를 보여주는 차트다. 큰 진폭이 없이 저점을 높여가는 과정에서 주가는 상승으로의 추세 전환을 준비하고 있다. 제반 이동평균선을 상향 돌파했음에도 일중 주가 움직임은 크지 않다. 하지만 장기선인 120일선을 넘어서자 급상승하며 기간도 폭도 놀라운 대시세를 분출하고 있다. 독자들도 차트 시뮬레이션을 할 때 장기 이동평균선이 어떤 역할을 하는지 120일, 180일, 240일 정도로 환경을 설정하여 심화학습 해보기 바란다.

　　종목별로 주가를 지지해주는 이동평균선이 다른데, 앞서 5일선 종목을 봤다면 이 차트는 60일선 종목이라 할 수 있다. 이런 현상은 해당 종목의 투자자 군중이 보이는 거래 경향에 의해 발생한다. 이를 잘 파악하는 것도 승률을 높이는 하나의 단서가 될 수 있다. 만약 어떤 종목의 주가 움직임이 20일선을 기준으로 한다면 20일선에 근접하는 시점에 매수할 수 있도록 대기할 수 있을 것이다.

5 추세 이탈로 최적 타이밍 포착하라

지금까지 살펴보았듯이 대시세는 고점 대비 크게 하락한 뒤 오랜 기간 횡보하며 이동평균선을 수렴한 종목 중에서 출현한다. 추세상으로 표현하자면 하락추세(가격조정) 다음에 횡보추세(기간조정)가 조합되어야만 한다. 때문에 하락추세에서 선취매하여 오랜 횡보추세를 인내할 필요는 없다. 횡보 구간을 지나고 있는 종목 중에서 최적의 매수 타이밍을 찾아야 한다.

이전의 조건을 구비했다면, 즉 고점 대비 크게 하락하여 오랜 기간 횡보하는 중이라면 그 추세를 이탈하는 시점을 찾는 것이 관건이다. 물론 우리는 상향 이탈하는 종목을 표적으로 한다. 추세 이탈로 매매 시점을 잡는 기법 중에 승률 높은 2가지 방법을 여기에 소개하고자 한다.

(1) 인사이드 기법

최소한 3개월 동안 횡보한 종목 중에서 이전 3개월의 최고점을 돌파할 때 사용하는 기법이다. 인사이드 데이란 금일의 고가와 저가가 전일의 캔들 안에서 형성되는 것을 말하며, 인사이드 기법은 2번의 인사이드 데이가 이어진 후 그 고점을 돌파할 때를 매수 포인트로 잡는다.

그런데 실제로는 이렇게 자로 잰 듯한 캔들만 등장하지는 않는다. 원리는 비슷하되 장세와 종목, 거래일에 따라서도 다양해진다. 다음에 제시하는 3가지는 인사이드 기법을 적용할 수 있는 최적의 패턴이다.

A. 기간조정형

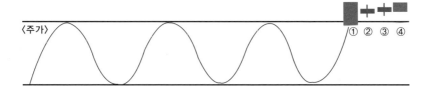

• 첫째 날(확장돌파)

  – 확장일, 3개월 신고가 형성(52주 신고가라면 더 좋은 조건이 된다)

  – 거래량 증가

• 둘째 날

  – 수축일, 인사이드 데이 발생

  – 거래량 감소

• 셋째 날

  – 수축일, 인사이드 데이 추가 발생

  – 거래량 감소

• 넷째 날

  – 확장일

  – 주가가 첫째 날 고점 상향 돌파 시 매수

  – 거래량 증가(첫째 날보다 많은 거래량)

만약 넷째 날 추가 상승에 실패하고 첫째 날의 저점을 하향 돌파하면 실패한 패턴이므로 매수해서는 안 되며, 기보유자라면 매도해야 한다. 거래량 측면에서 볼 때는 첫째, 넷째 날의 거래량이 수축일의 둘째, 셋째 날보다 많아야 한다.

인사이드 데이는 반드시 2일이 아니라 3~5일이 될 수도 있으나 매수, 매도에 대한 판단은 마찬가지 근거로 한다. 즉, 첫째 날의 고가 돌파 시 매수, 저가 붕괴시 매도이며 거래량도 수축일보다 확장일이 더 많으면 매수, 그 외에는 보류 또는 매도이다.

이 매매 기법은 추세에 따라 신뢰도가 달라진다. 상승추세에서는 매수신호로서, 하락추세에서는 매도신호로서 유용하다.

사례

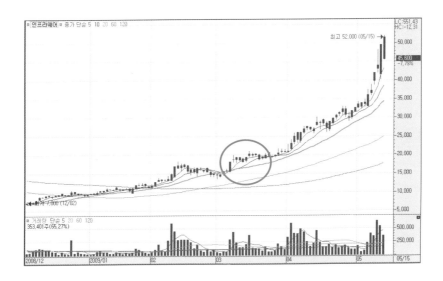

B. 기간조정 변형

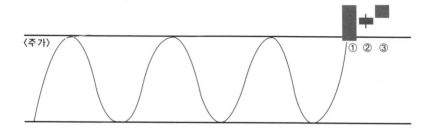

첫째 날 확장돌파 이후 둘째 날까지 A의 형태와 매우 유사한 구조를 보이나 셋째 날 갭상승으로 출발하며 단기간에 진행된다.

- 첫째 날(확장돌파)

  – 확장일, 60일 신고가 형성

  – 이전 9거래일 기간 중 가장 큰 거래범위

  – 거래량 증가

- 둘째 날

  – 수축일, 인사이드 데이 발생

  – 거래량 감소

- 셋째 날

  – 확장일

  – 주가가 첫째 날 고점 상향 돌파 시 매수

  – 거래량 증가(첫째 날보다 많은 거래량)

확장돌파를 하는 첫째 날과 둘째 날까지는 A형과 비슷한데 셋째 날 상승한다는 점에서 다르다. 수축일인 둘째 날의 하락폭이 비교적 컸고 셋째 날 갭상승하면서 첫째 날의 고점까지 돌파하는 양봉이 출현하면 급격한 상승을 예상할 수 있으므로 매수에 적극 동참한다. 단, 여기서도 둘째 날의 거래량이 첫째 날의 거래량보다 적음을 확인해야 한다.

사례

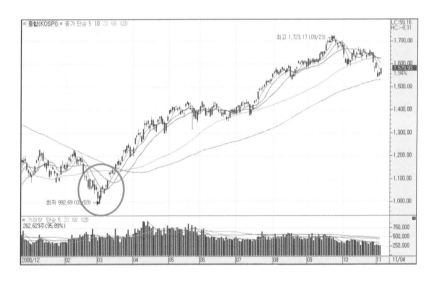

C. 상승탄력형

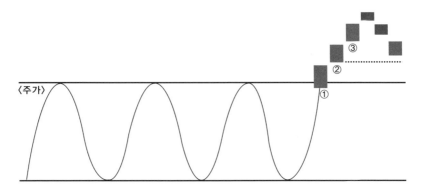

• 첫째 날(확장돌파)

  – 확장일, 3개월 신고가 형성(52주 신고가라면 더 좋은 조건이 된다)

  – 거래량 증가

• 둘째 날

  – 갭상승 출발로 상승폭 확대

  – 거래량은 다소 감소

  – 추격매수 금물, 철저하게 대기

• 셋째 날

  – 이틀 연속 갭상승 출발로 상승폭 확대

  – 거래량은 다소 감소

  – 추격매수 금물, 철저하게 대기

- 넷째 날

  - 갭상승 이후 물량이 출회되면서 단기 조정 암시

  - 3일 연속 강세에 따른 피로감 확연

  - 거래량은 첫째 날과 비슷함

- 다섯째 날

  - 매도 물량이 나오면서 하락

- 여섯째 날

  - 둘째 날의 돌파갭이자 시가를 이탈하지 않는 양봉 출현 시 적극 매수

  - 거래량 증가

사례

여섯째 날 이후 양봉이 출현되지 않거나 둘째 날의 돌파갭이자 양봉의 저가를 이탈할 경우에는 절대 진입해서는 안 된다. 이튿날을 기다려 돌파 갭 가격대를 회복하는 양봉이 출현할 경우 매수한다. 이 경우 역시 확장일 거래량이 수축일 거래량보다 많아야 한다는 조건이 필요하며, 이틀이 아닌 3~5일간 확장일 거래범위 안에 종속되어도 동일하게 적용한다.

(2) 레벨업 기법

하락 종목이라고 해서 주가가 언제까지고 하락만 할 수는 없듯이 상승 종목 역시 쉼 없이 오르기만 하는 것은 아니다. 가격이 어느 정도 오르면 차익을 실현하고자 하는 욕구가 발생하여 매물이 나오기 때문에 이들을 적절히 흡수하는 과정이 필요하다. 이를 숨고르기, 조정이라고 하는데 그 형태와 기간은 다양하게 나타난다.

어느 가격대에 이르러 상승세가 꺾이고 주가가 제자리걸음을 하는 경우가 생긴다. 어느 가격대란 전고점이나 이전 하락 과정에서 지지되었던 가격대로 매물이 몰려 있는 구간인 경우가 많다. 그중에서 일부는 추가 상승으로 방향을 잡아 더 큰 시세를 주기도 하는데 이런 종목에 대해 레벨업이라는 말을 쓴다.

상승이 진행되던 종목의 주가가 정체되거나 약간이라도 하락 기미를 보이면 기보유자들은 대개 불안감을 느낀다. 그런 기간이 길어질수록 불안이 더해져 결국은 매도세에 동참하게 된다. 그렇게 흘러나오는 매물을 받고, 주가의 과도한 하락은 방어해가는 동안 박스권이 형성된다. 박스권 매매는 쉬워 보이지만 실제 그렇게 만만하지 않다. 기보유자들은 주가가 어디로 튈지 몰라 불안해하기 마련이며, 박스 하단에 주가가 도착하여도 이번 역시 지지될 것인지는 누구도 확신할 수 없어 선뜻 매수에 나서지 못한다. 상단에서의 매매 역시 마찬가지다. 이번에도 저항을 받게 될지 돌파할지는 누구도 알 수 없다.

대신 그렇게 상당 기간 박스권을 형성하던 주가가 기존 추세를 이탈하여 도약하고 나면 엄청난 시세를 기대할 수 있다. 주가가 박스권 상단을 거세게 돌파하는 과정에서 앞에서 설명한 인사이드 패턴이 출현하지 않을 경우에는 대부분 전고점까지 회귀하는 경향을 보인다. 이때 사용하는 기법을 우리는 레벨업 기법이라고 이름 지었다. 즉 박스권 상단을 인사이드 패턴 없이 돌파한 주가가 전고점까지 되밀릴 때 이 눌림목에서 진입하는 기법이다. 이때 거래량상으로 기린형이 등장하면 더욱 신뢰할 수 있다.

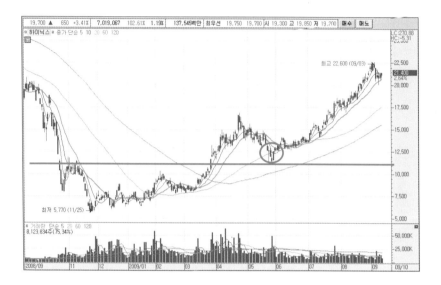

주식 경력 10년차, 웬만한 건 다 안다고 생각했는데 'X파일'을 읽으면서 나의 수많은 허점을 발견하였습니다. 그리고 이번 책을 통해 시장을 바라보는 깊이 있는 시각과 철학을 또 한 번 접하게 됩니다. 그동안 주변에서 잔기술만 배워 베팅하다 망하는 친구들을 많이 봐왔는데 그들에게 꼭 권해주고 싶은 책입니다.

— 용숙아빠

아이를 키우는 전업주부가 되면서 할 수 있는 일을 찾다가 재테크의 한 방법으로 주식투자를 생각하게 되었습니다. 제일 먼저 서점으로 달려가 유명한 저자들의 책을 사들고 와서 열심히 읽기 시작했습니다. 그런데 단어도 생소하고 문장도 어려워서 이해하기가가 힘이 들었습니다. '내가 고시공부를 하나…' 하는 생각이 들 정도였습니다.

그러다가 증권정보채널 카페에 가입하여 이곳에서 X파일 동영상 강의를 들었습니다. 책을 구입해서 들여다보며 동영상 강의를 들으니까 머릿속에 쏙쏙 들어오고 그림이 그려졌습니다. 다들 책 좀 이렇게 쉽게 써주면 안 되나요?

책을 다 편 뒤부터 조심스레 매매를 시작했는데 아직 수익률을 내세울 만한 위치는 아니지만 인생의 터닝포인트가 된 것만은 확실합니다. 제가 이처럼 목표를 가지고 도전할 수 있게 해준 저자님께 감사 드립니다~

— 행복가득

증권사관학교 소장의
대시세 종목 **실전 매매**

대시세 종목
공략의 원칙

1 어떤 경우에도 주도주를 공략하라

주도주란 말 그대로 다른 주식을 이끄는 주식을 말한다. 주도주가 상승하면 이와 연관이 높은 주식들이 덩달아 상승하기에 주도주를 포착해내고 이를 투자에 응용하는 것은 대단히 중요하다.

① 주도주는 유사 종목의 주가 흐름을 결정한다.

주도주는 일정폭 이상의 상승을 하기 때문에 이와 유사성을 갖는 다른 주식의 가격도 덩달아 상승하게 된다. 이에 따라 자연적으로 상승 종목군이 생겨난다.

② 주도주는 장세 국면을 결정한다.

주도주를 보면 장세를 알 수 있다. 주도주가 있느냐 없느냐에서 시작하여 그 주도주가 하락하느냐 상승하느냐, 업종 단위냐 테마 단위냐, 개별 단위냐 대형주 단위냐에 따라 현재의 장세를 진단할 수 있다. 또한 미래의 장세까지 예측 가능하다.

③ 주도주는 수요를 창출한다.

가장 비관적인 투자자들마저도 도저히 사지 않으면 안 되게끔 매수세를 끌어들이는 것이 주도주다. 주도주는 상승의 이유가 중요한 것이 아니라 현재 상승하고 있으며 또 상승할 것이라는 기대감을 중요한 투자 척도로 만든다. 이에 따라 당연히 수요가 몰리게 되고 주식투자가 유행처럼 번지게 된다.

④ 주도주는 시장의 공감대 속에 탄생한다.

오래도록 큰 폭으로 상승하기 위해서는 시장에서 그 가치를 인정받아야 한다. 실적이나 돌발적인 재료가 아무리 특출한 것이라 하더라도 그 가치에 대한 공감대가 없이는 단명에 그치고 만다. 여기서 공감대란 저점에서 올라와 형성된 가격대일지라도 충분히 매수할 만하다고 보는 것이다.

때문에 경기 사이클과 장세도 공감대 형성폭에 영향을 미친다.

주도주는 여러 가지 주가 현상을 보인다. 그중 대표적인 것이 일반적인 수요와 공급의 법칙을 따르지 않는다는 것이다. 주가가 상승하면 거래가 늘어나고 자연적으로 하락세로 전환되는 것이 보통이다. 그런데 주도주는 주가가 상승할수록 오히려 에너지가 강화되며 거래량이 늘어도 하락세로 전환되지 않는다. 오를수록 더 오르는 것이 주도주다.

또 하나는 주도주 순환 현상을 들 수 있다. 시간이 지남에 따라 새로운 주도주군이 부각되면서 주도주 대체가 이뤄지는 것이다. 그렇다 하더라도 원래의 주도주가 일시적으로 바뀌는 것에 불과하다. 한번 주도주는 그 국면이 끝날 때까지 계속 주도주로서의 역할을 하기 때문이다.

주도주의 생명은 장세가 전환될 때까지 지속된다. 가령 일반 주도형에서 기관 주도형으로, 국면이 기관장세로 전환된다면 기존의 주도주는 시세 탄력이 떨어지면서 횡보 조정 내지는 하락 조정으로 전환되며 왕좌를 내주게 된다.

주도주와 작전주는 동일한 요소를 갖고 있는데, 급등을 수반한다는 점과 수요와 공급의 법칙이 적용되지 않는다는 것이다. 그러나 주도주와 작전주의 역할은 다르다. 주도주는 다른 종목들의 흐름에 지대한 영향을 미치기 때문에 하나의 주도주가 전체 장세 국면을 살리기도 하고 전환시키기도 한다.

주도주의 탄생은 작전주의 탄생과 비슷한 과정을 밟는다. 즉 누군가에 의해 치밀하게 매집되고 관리가 되어야 한다는 것이다. 또 시장의 각광을 받기 위해서는 1차로 주요 주체에 의해 치장과 포장이 잘 되어야만 하는데, 이것이 시장의 공감대를 얼마나 받을 수 있는가가 최대 관건이 된다.

이런 과정 때문에 시세 초기에는 작전주와 비슷해 누구도 주도주라고 단정할 수 없고 일정 기간 동안 시장의 시험을 받으며 주가가 출렁이는 기간을 맞이한다. 그러나 주도주는 강한 주가 복원력을 보이면서 하나의 이슈가 되고 시장 참여자의 관심을 지속적으로 끌어들인다. 여기에 업황 호전이나 유동성 장세, 또는 장세 전환을 맞이할 경우 시장의 공감대가 폭넓게 형성되어 강력한 매수세가 유입됨으로써 화려하게 주도주로 등극하는 수순을 밟는다.

사실 주도주 포착은 그리 어려운 것이 아니다. 대부분이 잘 알려져 있는 종목이고 일반인들도 매매를 했던 종목인데다 충분한 상승의 이유를 갖고 있기 때문이다. 주도주는 주도주로 확인이 된 후에도 상당 기간 상승 국면이 지속되기 때문에 중기 차원에서도 적극 매수하는 것이 좋다.

2 후발주는 강세장에서 짝짓기 매매로 노려라

주도주 확산 현상이라는 것이 있다. 주도주가 주도주를 낳는다는 얘기다. 전자를 선도주라고 하고 후자를 후발주라고 한다. 주도주가 확인되면 1차적으로 비슷한 공통점을 많이 갖고 있는 업종으로 시세가 확산되고 2차적으로는 비슷한 자본금 규모나 테마로까지 확산된다. 대부분의 경우 선도주와 후발주는 같은 주가 패턴을 보이는 경우가 많다.

특이한 점은 주도주는 특별한 상승 이유와 안정적인 수요를 갖고 있어 상승탄력도는 높고 하락탄력도는 낮다는 사실이다. 반면 후발주는 동조화 현상을 보인 것에 불과해 상승탄력도가 낮은 반면 하락탄력도가 높다는 반대의 성질을 보인다. 경우에 따라서는 후발주가 더 강해지는 경우도 있긴 한데, 후발주가 주도주보다 가격 메리트가 크고 재료 가치가 높을 때 나타나는 현상이다.

후발주에서 수익을 내는 방법으로는 짝짓기 매매라는 것이 있다. 선발주인 주도주의 움직임을 보면서 오랜 기간 동반 움직임을 보여온 두세 종목을 짝 지어 매매하는 방법을 말한다. 후발주는 주로 유사 업종과 테마주에서 탄생하며 테마주 매매와 유사하나 반드시 동일 테마에 속할 필요는 없다.

단, 테마군으로 인한 짝짓기인 경우에는 강한 테마를 노려야 한다. 약한 테마를 노린 짝짓기 매매 방법은 고점에서 물량받이가 될 확률이 높다.

일부 단타 세력들이 특정 종목을 매집한 후 짝을 지은 종목에서 몸집이 제법 가벼운 종목을 인위적으로 올려 추격매수하는 개미들에게 처분하는 경우도 있기 때문이다.

테마주 매매와 마찬가지로 비교적 시장이 강세일 경우에는 짝짓기 매매를 통해서도 충분히 단기 시세차익을 얻을 수 있다. 하지만 시장이 횡보세나 약세인 경우에는 단타 세력의 표적이 되어 큰 손실을 볼 수 있다. 가능하면 강한 종목의 주도주를 공략하되 후발주는 장의 흐름을 보면서 단기 매매 관점으로 접근해야 한다.

증권사관학교 소장은
대시세 종목 발굴
이렇게 한다!

이번 장에서는 실제 종목을 발굴할 때 어떤 근거를 기준으로 하는지 실전 사례를 공개하고자 한다. 대시세 종목의 여러 요건들은 이미 앞서 모두 살펴보았다. 증권사관학교 소장도 실제로 그 요건들에 따라 다음과 같은 틀을 정해놓고 종목 선정의 잣대로 삼고 있다.

새로운 종목을 발굴할 때는 각 기준들을 모두 충족하는 종목을 관찰 리스트로 만들어 주시하면서 진입 타이밍을 포착한다. 8가지 모두 중요하지만 특히 재료의 가치를 판단하는 힘과 매수 후 끈기 있게 기다릴 줄 아는 것은 스스로를 훈련시켜가며 몸에 익혀야 할 일이다. 독자들도 이를 기준으로 자신에게 맞는 요건을 첨삭하여 실전 경험을 다진다면 머지않아 프로의 길로 들어서게 될 것이다.

증권사관학교 소장의 종목 발굴 기준

① 기본적 조건을 갖췄는가?

② 덩치가 너무 크거나 작지는 않은가?

③ 전자공시의 특이사항은 없는가?

④ 시세의 재료는 무엇인가?

⑤ 뉴스와 애널리스트 반응은 어떠한가?

⑥ 끼가 있는 종목인가?

⑦ 주인이 있는가?

⑧ 기술적 조건은 어떠한가?

1 외국인 매매 우량주
– 외국인의 매수에서 대시세의 가능성을 타진한다

외국인 투자자들이 공격적인 순매수를 하는지 어떤지 매매동향에 촉각을 세우고 이들의 동향에 맞추어 시장에 대응하면 나 홀로 다른 길을 가는 일을 피할 수 있다. 국내 증시는 글로벌 증시와의 관련성이 높을 뿐 아니라 외국인들의 매매에도 크게 영향을 받는다. 그러므로 매매 대상 종목을 선정할 때 외국인 매수 소진율을 파악하는 것도 하나의 유용한 단서를 획득하는 일이다. 외국인 매수 소진율이란 쉽게 말하면 외국인들이 매수하여 보유하고 있는 물량 비율이라 할 수 있다. 이를 지속적으로 체크하면서 시세 변동성을 알아보고 외국인들의 추가 개입과 이탈 여부를 타진하면서 매수 강약을 함께 체크해야 한다.

지속적인 급락을 보였던 외국인성 중대형주들이 하락세를 멈춘다면 가장 먼저 살펴야 할 것이 외국인들의 매수 소진율이다. 소진율이 높아지고 있다면 확률 높은 매수 관점이다. 저항선으로 올라서서 외국인들의 이탈이 확인될 때까지는 계속 홀딩 관점으로 보아도 무방하다.

외국인들은 개인들보다 매매 툴도 정확할 뿐 아니라 향후에 나올 재료들을 먼저 알고 있어서 시장을 선도한다. 특히 실적이나 비전이 강한 종목군을 매수하는 경향이 있다. 또 일단 진입을 시작하면 어느 정도의 물량을 확보할 때까지 일관되게 매수하며, 매도 시에도 마찬가지 동향을 보인다.

전부 그런 것은 아니지만 시세에 영향을 줄 정도의 대규모 자금을 운용하는 외국인 투자자의 경우는 매수 후 보유 성향이 강하다. 단기적인 매매보다는 중장기적인 대응이 필요한 이유다.

외국인 투자 동향은 매일 오후 4~5시 사이에 발표되는데 대부분의 증권사나 언론을 통해서 알 수 있다. 증권사에서는 일일 동향은 물론이고 주간, 월간 단위로도 파악할 수 있도록 서비스하고 있다. 대부분 HTS에서는 장중 외국인 증권사를 통해 매매되는 내역을 종목별로 알려주고 있다. 외국인 증권사를 통해 매매된다고 해서 반드시 외국인 투자자의 거래라고 볼 수는 없지만 참고자료로는 유용하다.

외국인 투자동향을 참고로 매매할 때에는 외국인 매수가 신규로 유입되는 종목을 눈여겨봐야 한다. 특히 외국인 보유 물량이 전혀 없었던 경우에 유입된 경우라면 일반인이 알 수 없는 재료를 먼저 탐지했을 가능성이 크므로 대시세주로 변신할 확률이 높다. 물론 시장의 관심을 끌 만한 수량이어야 하며 외국인 매수가 지속적으로 유입되어야 한다.

신규 유입은 아니지만 외국인들이 자주 매매하는 종목 중에서도 매수세가 지속되는 종목도 별도로 관찰 리스트를 만들어 주시하기 바란다. 소량씩 유입되는 경우에는 주가에 큰 영향을 미치지 못하지만 대규모의 매수세가 지속된다면 동참할 충분한 이유가 된다.

대형주 : **LG생활건강**

LG생활건강은 생활용품 및 고가화장품(오휘, 이자녹스 등) 제조 전문 업체다. 높은 시장 점유율과 더불어 안정적인 수익구조로 국내 시장에서 아모레퍼시픽과 양대 산맥을 형성하고 있으며 아시아 지역은 물론 미국, 유럽, 호주, 러시아 등 서구지역에서도 적극적인 마케팅을 실시하며 글로벌 브랜드로서의 입지를 다져가고 있다.

① 기본적 조건을 갖췄는가?

① PER : 14.23

② PBR : 4.99

③ 유보율 : 588.3%

② 덩치가 너무 크거나 작지는 않은가?

① 시가총액 : 2조 3,115억

② 자본금 : 780억

③ 유통주식 수(주식 분포 및 대주주 지분)

– 최대주주는 LG그룹의 지주회사인 (주)LG이다. 최대주주를 포함한 특수관계인이 34.47%인 5,383,506주를 보유하고 있다(그림 3-1).

그림 3-1 **최대주주 및 특수관계인 지분**

1. 주주의 분포
가. 최대주주 및 그 특수관계인의 주식소유 현황
[2008년 09월 30일 현재] (단위 : 주, %)

성 명	관 계	주식의 종류	소유주식수(지분율)						변동 원인
			기 초		증 가	감 소	분 기 말		
			주식수	지분율	주식수	주식수	주식수	지분율	
(주)LG	최대주주	보통주	5,315,500	34.03	0	0	5,315,500	34.03	
구근희	특수관계인	보통주	6	0.00	0	0	6	0.00	
차석용	특수관계인	보통주	63,800	0.41	4,200	0	68,000	0.44	장내매수
계		보통주	5,379,306	34.44	4,200	0	5,383,506	34.47	
		우선주	0	0.00	0	0	0	0.00	
		합 계	5,379,306	30.36	4,200	0	5,383,506	30.38	

최대주주명 : (주)LG 특수관계인의 수 : 2 명

- 2대 주주는 9.5%(1,492,112주)의 지분을 가지고 있는 외국계 자산운용사인 피델리티 펀드이다.

그림 3-2 **2대 주주의 지분**

3. 보유주식등의 수 및 보유비율

	보고서 작성기준일	보고자		주식등의 비율		주권의 비율	
		본인 성명	특별관계자 수	주식등의 수 (주)	비율 (%)	주식수 (주)	비율 (%)
직전보고서	2008년 09월 26일	Fidelity Diveve rsified Internati onal	29	1,649,791	10.56	1,649,791	10.56
이번보고서	2008년 11월 05일	Fidelity Diveve rsified Internati onal	27	1,492,112	9.55	1,492,112	9.55
증 감				-157,679	-1.01	-157,679	-1.01

－3대 주주 역시 미국계 투자회사로서 티 로우 프라이스가 6.98%인
1,090,107주를 보유하고 있다.

그림 3-3   3대 주주의 지분

3. 보유주식등의 수 및 보유비율

	보고서 작성기준일	보고자		주식등의 비율		주권의 비율	
		본인 성명	특별관계자 수	주식등의 수 (주)	비율 (%)	주식수 (주)	비율 (%)
직전보고서	2007년 09월 28일	TRPI	－	1,247,409	7.99	1,247,409	7.99
이번보고서	2008년 11월 19일	TRPI	－	1,090,107	6.98	1,090,107	6.98
증 감				-157,302	-1.01	-157,302	-1.01

이렇게 확인된 바에 따라 발행주식 수 15,618,000주에서 최대주주를
비롯한 과점주주들의 지분을 차감하면 전체 유통주식 수는 7,652,275가
된다.

여기서 중요한 부분은 1부 2장에서 설명하였다시피 정확한 전체 유통
주식 수를 산출하기 위해서는 반드시 전자공시 시스템에서 사업, 분기 보
고서 등을 확인해야 한다는 것이다. 더욱이 보유주식 변동은 수시로 발생
할 수 있는 사안이므로 정기 보고서 이후 추가 공시는 없는지를 꼭 살펴야
한다.

해당 분기 동안 지분 변동이 없는 주요 주주의 경우에는 기재하지 않을
수 있으므로 전후의 공시를 다 살펴야 한다. LG생활건강의 경우도 정기
보고서에 기재되지 않은 또 다른 주요 주주로 싱가포르투자청이 있었다.

- 싱가포르투자청은 이후 266,191주의 장내 추가 매수를 하며 2009년 4월 14일까지 총 지분율을 6.73%인 1,051,169까지 확대한다.

그림 3-4　　　**또 다른 5% 이상 주요 주주**

3. 보유주식등의 수 및 보유비율

	보고서 작성기준일	보고자		주식등		주권	
		본인 성명	특별관계자 수	주식등의 수 (주)	비율 (%)	주식수 (주)	비율 (%)
직전보고서	2008년 10월 16일	The Government of Singapore	-	784,978	5.03	784,978	5.03
이번보고서	2009년 04월 07일	The Government of Singapore	-	764,528	4.89	764,528	4.89
증　감				-20,450	-0.14	-20,450	-0.14

※ 이 장에서 제시하는 모든 사례들은 이와 같은 과정을 거쳐 실제 유통주식 수를 산출한 것이다. 이 첫 사례에서는 실제 공시 화면을 보여주었지만 이후의 종목들은 독자 여러분이 직접 한국거래소 또는 금융감독원 전자공시 시스템에서 확인하기 바란다. 발굴 시점과 주식 분포가 달라진 종목은 없는지, 주목할 만한 이유에 의한 변동인지를 체크하는 동안 심화학습이 될 것이다.

③ 전자공시의 특이사항은 없는가?

  LG생활건강의 타법인 출자 현황을 통해 기존의 생필품과 화장품사업뿐 아니라 음료 시장에도 진출하였음을 알 수 있다. 특히 코카콜라 판매의 독점권을 확보하며 신규로 진출한 음료 시장에서 안정적 수익구조를 확보할 것으로 전망된다.

그림 3-5	공시(타법인 출자 현황)

3. 타법인출자 현황

[2008.12.31 현재] (단위 : 천주, 백만원, %)

구분	계정과목	법인명 또는 종목명	출자목적	기초잔액			증가(감소)내역		기말잔액			피출자법인의 최근사업연도 당기순이익	비고
				수량	지분율	장부가액	수량	취득(처분)가액	수량	지분율	장부가액		
국내	투자유가증권	하나금융지주	단순투자	12	0.01	589	–	–	12	0.01	228	483,446	–361
	투자유가증권	뉴코아	단순투자	2	0.01	10	–	–	2	0.01	10	–90,688	
	투자유가증권	나산클래프	단순투자	18	0.01	–	–	–	18	0.01	–	–1	
	투자유가증권	해롱	기타	–	–	–	67	2,018	67	19.71	2,018	–37	
	투자유가증권	LG유니참	경영참여	1,470	49.00	7,328	–	–	1,470	49.00	7,403	1,512	75
	투자유가증권	코카콜라음료주식회사	경영참여	–	–	–	162,685	328,922	162,685	90.00	336,028	30,346	336,028
해외	투자유가증권	LG HAI	경영참여	10	100.00	0	–	–	10	100.00	802	252	802
	투자유가증권	COGNIS RIKA	경영참여	35,000	20.00	6,687	–	–	35,000	20.00	8,635	3,524	1,948
	투자유가증권	항주락금화장품	경영참여	5,720	81.71	8,927	–	–	5,720	81.71	12,710	2,071	3,783
	투자유가증권	북경락금일용화학	경영참여	8,915	78.00	8,006	–	–	8,915	78.00	12,310	1,049	4,304
	투자유가증권	LG VINA COSMETICS	경영참여	2,700	60.00	2,300	–	–	2,700	60.00	1,445	–89	–855
	투자	락금생활	경영										

④ 시세의 재료는 무엇인가?

  ① 중장기 투자를 지향하는 외국계 전문 자산운용사인 싱가포르투자청을 비롯한 피델리티 운용사 등이 대량의 지분을 확보: 글로벌 경기

불황으로 국내에서 외국계 자금이 이탈되는 시점인데도 불구하고 중장기 투자를 지향하는 외국계 전문 자산운용사들이 대량의 지분을 확보하고 있음

② 코카콜라 판매 독점권 획득으로 안정적인 수익구조 확보와 실적호전주로 부각

③ 우수한 실적 : LG생활건강은 2009년 1월 21일 지난해 연결 영업이익이 1,826억 2,300만 원으로 전년 동기 대비 55.4% 증가했다고 공시했다. 연결 매출액은 1조 9,677억 1,000만 원으로 15.2% 늘었고, 연결 당기순이익은 1,193억 1,700만 원으로 60.9% 증가한 것으로 잠정 집계됐다. 전년 대비 올해 영업이익은 20%, 매출액은 10% 증가할 것으로 전망했다.

⑤ 뉴스와 애널리스트 반응은 어떠한가?

호전된 실적발표에도 불구하고 증권사들 간에 엇갈린 전망을 제시하면서 주가는 상당 기간 제자리걸음을 하였다. 2009년 1월 22일 굿모닝신한증권이 가장 먼저 긍정적인 보고서를 제출하였고 이후 3월에 SK증권, 4월에 외국계 증권사인 씨티그룹이 매수의견을 제시하였다.

① 굿모닝신한증권 보고서(발췌)

– LG생활건강은 현재 코카콜라 음료에 대한 IPO를 검토 중이며 이를

통해 자금을 마련하면 신규 사업에 대한 M&A로 성장 동력을 보완할 전망

– 현재 시장 상황을 고려할 때, M&A 및 IPO 모두 단시일 내 결정될 사항은 아니지만 올해 말 또는 내년 초에는 적절한 M&A 대상에 대한 검토와 IPO 작업을 진행시킬 것으로 예상

– 생활용품, 화장품, 음료 매출은 각각 1조 200억 원, 9,300억 원, 7,200억 원까지 확대되고 신규 사업은 3,000억 원 규모를 나타낼 것으로 기대

– 실적 둔화에 대한 우려감이 주가에 반영돼 가격 메리트가 발생했고 올해도 안정적 실적 성장세가 기대됨

– 영업환경 악화로 개선 정도가 둔화되겠지만 브랜드력에 의한 가격 경쟁력, 이노베이션을 통한 수익성 확보로 내수경기에 민감한 타 소비재 업체와 실적 차별화를 나타낼 것

② SK증권 보고서(발췌)

– 투자의견 '매수' 와 목표주가 20만 원 유지

– 견고한 실적을 배경으로 약세 시장에서 수익률 방어 역할을 충분히 할 수 있을 것으로 전망

③ 씨티그룹 보고서(발췌)

– 목표주가 22% 상향 19만 5,000원, 투자의견 '매도' 에서 '매수' 로 상향

– 코카콜라보틀링과의 합병이익이 플러스로 돌아선 데다 전체 이익을

깎아먹던 생활용품 부문에서의 마진 축소세가 완화됐기 때문

– 음료 부문 합병으로 인해 높아진 주가평가이익을 반영해 순이익 전

망을 올해 5%, 내년 7% 상향

⑥ 끼가 있는 종목인가?

차트 3-1 　대시세 전력

2005년 후반부터 견고한 펀더멘털과 자산가치를 갖춘 종목으로 부각되

면서 외국인과 기관들의 선호 종목으로 자리 잡았다. 이에 따라 주가가 23

만 원대 부근까지 상승하며 저점인 26,300원 대비 900% 이상 대시세를

기록한 바 있다.

2008년 8월부터 주가와 거래량의 흐름을 보면 쉽게 답을 찾을 수 있다. 앞서 배웠던 거래량 증가형으로, 주가가 상승할 때는 거래량이 증가하고 주가가 하락할 때는 거래량이 급격하게 감소하는 특징을 보였다. 초기 매집 과정에서 자주 나타나는 정석적이고 가장 보편화된 매집 패턴이다. 원으로 표시된 부분에 주목하자면, 주가가 하락할 때마다 거래량이 감소하며 상당 기간 반복적인 흐름을 보이는 것은 매집의 강도가 높아지고 있다고 해석할 수 있다.

글로벌 경기 위축에 연동된 흐름으로 단기 급락한 주가는 14만 원대에서 6개월 이상 횡보하고 있었으며, 이 구간 동안 투자자들은 지친 나머지 대부분 매도하고 말았다. 하지만 선도세력인 외국계 자산운용사들은 주가의 급격한 하락에도 불구하고 저점 매수를 통해 추가 지분을 확보하며 공격적인 포지션 구축에 나섰다.

이 구간의 외국인 매매동향은 그림 3-6과 같다.

그림 3-6   외국인 매매동향

날짜	종가	대비	거래량	기관			외국인			한도소진율(%
				매수량	매도량	순매수	매수량	매도량	순매수	
2009/04/28	174,000	0	52,544	22,691	8,394	14,297	21,709	17,732	3,977	43.21
2009/04/27	174,000 ▼	3,000	59,095	6,830	30,572	-23,742	39,511	11,729	27,782	43.22
2009/04/24	177,000 ▲	1,500	63,892	11,081	23,981	-12,900	42,335	6,698	35,637	43.03
2009/04/23	175,500 ▲	9,000	160,346	29,454	52,649	-23,195	93,173	19,413	73,760	42.80
2009/04/22	166,500 ▲	3,000	107,122	22,402	40,364	-17,962	33,526	14,549	18,977	42.33
2009/04/21	163,500 ▼	1,500	41,781	9,603	18,982	-9,379	21,712	6,183	15,529	42.21
2009/04/20	165,000 ▲	1,000	35,103	5,225	10,167	-4,942	22,790	2,386	20,404	42.11
2009/04/17	164,000 ▼	2,000	61,917	16,150	26,048	-9,898	30,536	5,187	25,349	41.98
2009/04/16	166,000 ▼	1,500	81,895	9,061	27,662	-18,601	46,318	5,794	40,524	41.81
2009/04/15	167,500 ▲	4,000	190,302	19,683	48,438	-28,755	135,900	49,090	86,810	41.55
2009/04/14	163,500 ▲	4,500	229,498	32,116	49,395	-17,279	141,416	51,115	90,301	41.00
2009/04/13	159,000	0	89,806	11,132	25,587	-14,455	46,251	13,481	32,770	40.42
2009/04/10	159,000 ▲	6,000	168,799	17,596	30,868	-13,272	51,905	3,866	48,039	40.21
2009/04/09	153,000 ▲	1,000	141,960	13,071	87,046	-73,975	44,710	14,054	30,656	39.90
2009/04/08	152,000 ▲	4,000	115,379	9,810	13,019	-3,209	64,661	68,787	-4,126	39.32
2009/04/07	156,000 ▲	1,000	130,042	18,566	22,543	-3,977	70,863	62,856	8,007	39.35
2009/04/06	155,000 ▲	1,000	114,053	13,681	11,753	1,928	32,808	26,893	5,915	39.36
2009/04/03	154,000 ▲	1,000	160,697	21,478	45,495	-24,017	89,887	58,439	31,448	39.36
2009/04/02	152,000 ▲	1,000	198,522	18,350	32,056	-13,706	115,707	110,988	4,719	39.19
2009/03/17	161,000 ▲	4,000	108,043	27,546	31,046	-3,500	21,746	54,080	-32,334	40.36
2009/03/16	165,000 ▲	5,000	399,450	64,020	291,558	-227,538	327,652	78,781	248,871	40.57
2009/03/13	160,000 ▲	1,000	48,155	14,569	10,467	4,102	24,694	21,116	3,578	38.98
2009/03/12	159,000 ▲	3,500	106,858	42,262	49,234	-6,972	40,706	15,368	25,338	38.98
2009/03/11	155,500 ▲	3,000	80,126	23,705	24,949	-1,244	6,509	31,403	-24,894	38.82
2009/03/10	158,500 ▼	6,000	47,045	11,414	30,633	-19,219	12,404	6,841	5,563	38.98
2009/03/09	164,500 ▲	500	37,593	13,432	19,515	-6,083	9,260	2,911	6,349	38.94
2009/03/06	164,000 ▲	6,000	92,767	16,129	26,400	-10,271	70,774	18,349	52,425	38.90
2009/03/05	158,000 ▲	4,000	42,532	18,092	15,496	2,596	15,522	4,966	10,556	38.57
2009/03/04	154,000 ▼	2,000	32,977	11,326	11,923	-597	10,906	8,536	2,370	38.50

⑧ 기술적 조건은 어떠한가?

차트 3-3   기술적 조건

외국계 자산운용사들의 매집기간 중에서도 거래량은 증가형 패턴이 연속적으로 출현하고 있는데 매집 단계가 완료된 후에는 거래량 감소 패턴을 보이며 주가가 본격적인 상승세를 이어간다. 더욱이 2차 상승 시점인 7월 7일 이후부터는 외국계 자산운용사인 퍼스트 펀드 퍼스트 스테이트의 신규 매수 신고서와 더불어 국내기관(미래에셋 자산운용사)까지 합세하여 상승탄력에 강도를 높여주었다.

매수 급소는 투자성향에 따라 2가지로 잡을 수 있다. 적극적인 투자자라면 20일선과 60일선의 골든크로스가 3번째 발생한 4월 말경부터 60일선을 최종 손절선으로 책정하여 3분할 관점으로 모아간다. 확인매매 또는 상승탄력을 위한 투자자라면 앞서 배운 레벨업 기법으로 매수 급소를 포착할 수 있다. 수평으로 그은 선은 6개월 동안 강력한 저항대로 작용했던 가격 영역이다. 6월경 이 지점을 인사이드 패턴 없이 돌파했다가 전고점까지 회귀하고 있다.

LG생활건강은 6월 이후 증권사들로부터 2분기 역시 실적호조가 예상된다는 러브콜을 받으며 한층 강화된 상승기조를 보였다. 주가가 연중 최고치인 237,000원마저 돌파한 268,000원대까지 치솟았다.

다날은 휴대폰 결제 서비스, 온라인 게임 등 인터넷 콘텐츠 관련 전문 기업이다. 세계 최초로 휴대폰 결제 서비스를 개발하고 상용화하면서 국내 전체 시장의 45%라는 주도적인 점유율을 차지하고 있다. 또한 독보적인 기술력을 기반으로 해외 시장 진출을 확대하고 있는 우리나라 대표적인 벤처기업이다.

① 기본적 조건을 갖췄는가?

① PER : 4.09

② PBR : 0.45

③ 유보율 : 777.3%

② 덩치가 너무 크거나 작지는 않은가?

① 시가총액 : 910억

② 자본금 : 120억

③ 유통주식 수(주식 분포 및 대주주 지분)

- 전체 발행주식 수 : 16,774,000주

- 최대주주인 박성찬 대표를 포함한 특수관계인 지분 : 3,514,281주

(21.86%)

- 2대 주주인 외국법인 오펜하이머자산운용사의 지분 : 1,611,411주

(10.02%)

- 유통주식 수 : 11,648,308주

③ 전자공시의 특이사항은 없는가?

| 그림 3-8 | 사업보고서(연구개발 활동) |

8. 연구개발활동

가. 연구개발활동의 개요

(1) 연구개발 담당조직

당사 개발본부에서 유무선 컨텐츠 서비스 및 유무선 전화결제 서비스에 대한 연구개발을 담당하고 있습니다.

(2) 연구개발비용

(단위 : 천원)

과 목		제 12 기	제 11 기	제 10 기	비 고
원 재 료 비		-	-	-	-
인 건 비		1,739,857	1,450,035	1,086,089	-
감 가 상 각 비		-	-	-	-
위 탁 용 역 비		-	-	-	-
기 타		-	-	-	-
연구개발비용 계		1,739,857	1,450,035	1,086,089	-
회계처리	판매비와 관리비	1,693,253	754,864	254,929	-
	제조경비	-	-	-	-
	개발비(무형자산)	46,604	695,171	831,160	-
연구개발비 / 매출액 비율 [연구개발비용계÷당기매출액×100]		2.1%	1.76%	1.56%	-

나. 연구개발 실적

연구과제	연구기관	연구결과 및 기대효과	상품화 내용
미국결제서비스 코어	내부기관	미국 휴대폰 결제시스템 구축을 위한 핵심 솔루션 개발	BilltoMobile
미국 LMS	내부기관	미국 휴대폰 결제 한도 및 리스크 관리를 위한 Limit Management Service 개발	BilltoMobile
대만 자동결제	내부기관	대만 ARS 결제시스템을 활용한 매월 일정금액에 대한 자동결제 시스템 개발	Telepay

사업보고서에서 '8 연구개발 활동' 항목을 보면 단순 서비스업이 아니라 기술력에 집중하고 있는 기업임이 재확인된다. 유무선 컨텐츠 및 모바일 서비스에 대한 연구개발비가 증가하고 있으며 국내뿐 아니라 해외 시장을 적극적으로 공략하고 있다는 사실도 구체적으로 알 수 있다.

④ 시세의 재료는 무엇인가?

① 10% 이상의 지분을 보유한 오펜하이머의 2005년 6월 2일부터 근 4년간 평균 매수단가가 7,000원 정도로서 외국인들의 매수가보다 지금 주가가 현저히 낮음

② 세계 최초로 휴대폰 결제 서비스를 개발하였으며 해외진출 시 독점에 가까운 사업이므로 대규모의 수익이 예상됨. 미국, 중국은 물론 홍콩법인을 통해서 아시아 시장으로의 적극적인 진출을 모색 중

③ 실적호전 : 1분기 매출액 225억 원, 영업이익 20억 원, 당기순이익 8억 원 달성. 전년 동기 대비 매출액 16%, 영업이익 997% 증가. 순이익은 전년 동기 7억 원 손실에서 흑자전환

⑤ 뉴스와 애널리스트 반응은 어떠한가?

주가가 시세를 주기 2주 전인 4월 27일과 28일 이틀 동안 유화증권과 굿모닝신한증권이 매우 호의적인 리포트를 제출하였다.

① 유화증권 보고서(발췌)

– 투자의견 '강력매수'

– 올 상반기 미국 내 유명 이동통신회사와 휴대폰 결제 서비스 공급계
  약이 성사될 것으로 전망

– 올해 휴대폰 결제 총거래액은 전년 대비 24% 증가한 1조 8,000억 원
  으로 추정되며, 다날은 휴대폰 결제 시장에서 45%의 점유율을 차지
  하고 있어 시장 확대에 따른 수혜가 예상된다고 설명

② 굿모닝신한증권 보고서(발췌)

– 턴어라운드 기대

– 해외 메이저 시장인 중국과 미국으로의 진출에 성공할 가능성이 커
  성장성 확보와 함께 국내 휴대폰 결제업계의 세계화에 재차 관심이
  집중될 것

– 국내 휴대폰 결제 시장의 성장 지속과 함께 해외진출 모멘텀이 부각
  되면 동종 업체의 주가에 긍정적 영향 미칠 전망

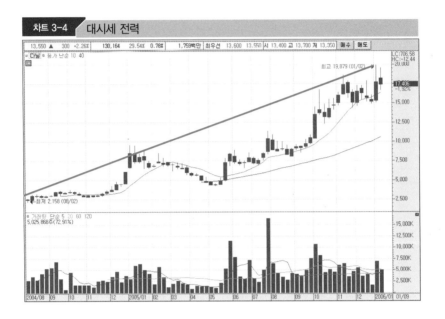

차트 3-4 대시세 전력

상장 이후 주가는 2004년 8월 2,000원 초반까지 떨어졌으나 정부 IT 육

성화 정책이었던 IT839 수혜주로 거론되면서 900%가 넘는 대시세를 보

이며 19,000원대까지 급상승한 바 있다.

차트 3-5   매집의 흔적

2008년 9월 이후 8개월 가까이 매집형인 폴대형 패턴이 두 달 간격으로 나타나고 있다. 거래량 추세를 보면 선도세력들이 필요한 물량을 충분히 매집했음을 확인할 수 있다.

한국투자밸류자산운용이 6% 이상 지분을 확보하며 본격적인 매집에 동참하였고, 3차 상승 단계에서는 프루식 아시아펀드가 2009년 7월 24일부터 전체 지분의 7.25%인 1,250,000주를 매수했다는 공시를 제출했다. 그 기세로 유통주식 수는 더욱 줄어들고 상승탄력은 강화되었다. 이에 따라 주가는 23,000원까지 단기 급등하며 연중 최고점을 갱신한다.

⑧ 기술적 조건은 어떠한가?

차트 3-6 기술적 조건

과거 19,000원대까지 기록했던 주가가 특별한 악재 없이 2년 내내 하락세를 보여 1,000원대까지 이르렀다. 이후 오랜 기간 횡보를 하며 수많은 투자자들을 울렸음직한 주가 움직임이다. 이 기간 동안 없는 셈 치고 묻어버린 극소수를 제외하고는 대부분이 치를 떨며 매도하고 등을 돌렸을 것이다.

하지만 이런 급격한 하락과 횡보에도 불구하고 외국인들은 지분 변동에 큰 변화를 주지 않았다. 예비상승과 1차 상승을 거친 6월 11일 이후부터는 기관의 매수 가담으로 상승탄력이 이어졌으며, 12,000원대까지 크게 상승한 이 종목의 마지막 대시세는 외국인들에 의해 만들어졌다.

본격적인 매수 구간은 투자성향에 따라 2가지로 잡을 수 있다. 첫째 중장기 투자자로서 초기에 공략하고자 한다면 캔들군의 모양상 상승 초기에 발생되는 플랫폼 패턴 발생 시점 또는 역망형 패턴 출현 시가 강력한 매수 포인트가 된다. 플랫폼 패턴에서 하단을 최종 손절선으로 책정하고 대응한다면 안전하게 진입하는 것이다.

확인매매 또는 상승탄력을 위한 투자자라면 인사이드 기법을 적극 활용하여 매수하면 된다. 차트에 원으로 표시된 구간을 보면 알 수 있듯이 인사이드 A형과 매우 유사한 패턴으로서 이 구간에서는 적극적으로 매수해야 한다.

2 기관 선호 우량주
– 기관들의 등에 올라탄다

기관의 종류는 크게 자기자금을 운용하는 기관과 수익증권이나 뮤추얼 펀드처럼 타인자금을 운용하는 기관으로 분류할 수 있다. 투자신탁과 자산운용회사의 경우 타인자본을 주로 운용하기 때문에 적극적인 투자와 운용의 성과를 높이기 위해서 투자분석을 많이 하는 반면 은행, 상호금고, 종금사 등은 사전에 주문받은 매매계약을 대행하는 특징이 강하기 때문에 소극적이라 할 수 있다. 보험사의 경우는 대체로 변액보험 위주의 성격이 강하기에 장기적인 관점에서 투자하므로 개인 투자자들이 따라 하기에는 매우 난해한 점이 있다.

기관들은 대체로 펀더멘털을 갖춘 종목 중에서 PER를 통해 투자 대상을 선별한다. 만약 이들이 PER를 무시하고도 적극적으로 매수하는 종목이 있다면 일반 투자자가 알지 못하는 엄청난 기술력이나 독점권을 가진 기업으로서 향후 높은 성장세를 보일 것이라고 봐도 무방하다. 이런 이례적인 거래의 발생을 목격했다면 그 이유를 추적하여 납득할 만한 근거를 찾고 기관 매매동향에 승선하는 것이 좋다.

기관들의 진입 근거를 몇 가지 살펴보자면 다음과 같은 것들이 있다.

① 전방 산업의 후광을 누리는 기업으로 신고치를 기록하는 기업(예; 현대모비스, 글로비스)

② 신 성장 동력에 속해 있고 경쟁력이 있는 기업, 직전 고점을 돌파하여 신고치를 기록하고 있는 기업(예; 삼성SDI, LG화학)

③ 이익 규모가 크고, 위기 이전의 이익 수준으로 빨리 회복될 수 있는 기업(예; 메가스터디)

④ 구조조정의 최대 수혜자, IB$^{Investment\ Banking}$가 강한 증권주(예; 삼성증권 등)

또한 기관에서 스몰캡(소형주)을 매집할 경우도 있는데 그때에도 다음 2가지 사항은 꼭 갖춰진 종목이라야 한다.

① 매출액이 최소한 1,000억 이상이 되어야 한다.

기관투자자들이 기업에 투자할 때 가장 중시하고 먼저 확인하는 것이 펀더멘털이다. 펀더멘털 중에서 기업의 중심이 되는 매출 부분이 약하거나 저하되는 기업일 경우에는 선뜻 진입하지 않는다.

② 시가총액이 최소한 1,000억 원 이상 되어야 한다.

투신이나 기금 같이 공격적이면서 중장기 투자를 지향하는 기관들은 투자분석에 부합하면 대개 많은 지분을 매집하기 때문에 이들의 매수 강화는 주가 상승의 원동력이 된다. 그러나 만약 발행주식 수가 너무 적거나 아니면 발행주식 수는 많은데 주가가 너무 낮은 가격대를 형성하는 종목은 한 호가에도 수익률이 크게 좌우되기 때문에 진입하지 않는 경향이 있다.

전자공시를 보면 지분 취득 현황에 미래에셋, 삼성투신, 국민연금 등 기관 중에서도 메이저급들의 지분 취득 여부를 확인하는 것이 무엇보다 중요하다. 이 기관들의 지분율이 대략 10% 이상이 된다면 이 종목은 해당 기관의 주력 종목 중 하나로 볼 수 있다. 이렇게 높은 지분을 갖고 있으면 쉽게 빠져나가지 못하기 때문에 지속적으로 주가관리를 하게 된다.

기관의 지분율이 10% 이상이라 해서 모든 종목이 올라가는 것은 아니다. 그중에서도 옥석을 가리기 위해서는 무엇보다 최근 거래 동향을 체크하여야 한다. 일정 시점의 지분율의 크기보다 지속되는 기간 동안 지분을 확대하고 있는지 축소하고 있는지가 더 중요하다는 말이다.

대형주 : **현대차**

현대자동차는 글로벌 시장에서 TOP 5를 목표로 도약하는 국내 최대 완성차 메이커다. 계열사로 상장회사 7개(기아자동차, 현대하이스코, HMC투자증권, 현대모비스, 현대제철, 비앤지스틸, 글로비스)와 비상장회사(현대캐피탈, 서울시 메트로 9호선 등) 총 33개의 계열사를 거느리고 있는 현대·기아자동차 그룹의 모회사이다.

❶ 기본적 조건을 갖췄는가?

① PER : 6.97

② PBR : 0.59

③ 유보율 : 1,326%

❷ 덩치가 너무 크거나 작지는 않은가?

① 시가총액 : 8조 1,723억

② 자본금 : 1조 1,579억

③ 유통주식 수(주식 분포 및 대주주 지분)

- 전체 발행주식 수 : 220,280,000주

- 최대주주인 현대모비스를 포함 특수관계인 지분 : 57,255,312주

(25.99%)

- 미래에셋자산운용사 지분 : 16,282,696주(7.39%)

- 국민연금기금 지분 : 15,349,001주(6.97%)

- 유통주식 수 : 131,392,991주

③ 전자공시의 특이사항은 없는가?

그림 3-9   **공시(생산 및 설비에 관한 사항)**

(나) 향후 투자계획

(단위 : 억원)

사업 부문	계획 명칭	예상투자총액		연도별 예상투자액			투자효과	비고
		자산형태	금 액	제41기	제42기	제43기		
설비 투자	신제품 개발 *주1)	중형 승용차개발	492	157	251	84	판매증대	
		소형 승용차개발	627	14	334	279		
		고급 CUV 개발	548	275	273	–		
	공장신설 및 증설	엔진공장 신설	2,140	1,659	481	–		
합 계			3,807	2,105	1,339	363		

※ 주1) 신제품개발 : 설비투자에 한정한 투자금액임
　　　　 (금형, 연구개발비용은 제외된 기준임)
※ 단일 투자건으로 총투자금액 100억원 이상의 투자건을 기준으로 작성함

　'생산 및 설비에 관한 사항' 중 향후 투자계획을 눈여겨보기 바란다.
100억 원 이상을 기준으로 작성한 것만도 4건으로 향후 3,800억 이상을
신제품 개발을 위한 설비 투자에 쓸 계획이다.

④ 시세의 재료는 무엇인가?

① 국내 기관의 주도자격인 미래에셋과 국민연금이 대량의 지분 취득

② 프리미엄급 신차 대량 출시 예정 : 제네시스, 제네시스 쿠페를 비롯

친환경차인 아반떼 하이브리드까지 예정

③ 경쟁사인 미국 GM, 포드, 크라이슬러 등 빅3사의 위기로 미국 시장

에서 현대차가 수혜주로 부각되며 반사이익을 누리면서 미국 내 시

장 점유율이 사상 최고치를 기록

⑤ 뉴스와 애널리스트 반응은 어떠한가?

2월에 1개의 보고서가 제출되고 3월 한 달 동안 5개의 보고서가 쏟아져

나오며 긍정적 의견을 제시했다.

① 한국증권 보고서(발췌)

– 미국 자동차 부품업체들의 파산 위험 증가로 현대차, 기아차의 미국

시장 점유율 상승세 기대

– 현대차의 지난해 기준 미국 판매 중 현지 생산 비중은 52.6%로 일본

업체(62.1%)보다 낮다며, 현대차가 미국 진출 당시 국내 12개 부품업

체들도 동반 진출했기 때문에 미 부품산업 붕괴가 현대차에 미칠 영

향은 미미하다고 분석

– 미국 현대차 공장에 납품하는 부품업체들은 올해 말 양산에 들어갈

기아차 조지아공장의 수혜도 볼 것으로 전망

- 신형 에쿠스는 미국 시장에서 동사 최초의 럭셔리 모델로 판매될 것
  으로 예상돼 미국 시장 점유율 상승을 견인하고, 국내 고급차 시장
  점유율 회복세를 가속하며 브랜드 가치 제고 등 현대차의 경쟁력을
  더욱 강화하는 세 가지 의미를 가질 것으로 예상

② KB투자증권 보고서(발췌)

- 목표주가 61,000원 유지

- 현대차와 기아차가 중소형 차종 강세와 환율 상승에 힘입어 미국 시
  장 점유율을 높일 것이라고 전망

- 현대차 제네시스 판매 월 최다 기록

- 미국 판매의 65%를 차지하고 있는 소나타, 아반떼, 액센트 모두
  2010년까지 신모델로 변경될 예정이어서 현대차의 미국 점유율 상승
  은 추세적으로 지속될 것

⑥ 끼가 있는 종목인가?

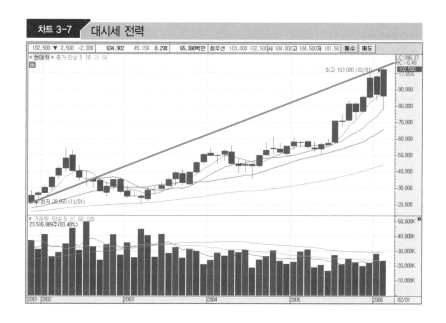

차트 3-7 대시세 전력

2003년 3월경 이라크 전쟁 당시 패닉 상태에서 주가가 2만 원 초반까지 떨어졌다. 하지만 우수한 펀더멘털로 글로벌 기업으로서의 성장세를 나타내면서 주가 역시 빠르게 회복되었다. 2005년 말까지 500% 상승률인 10만 원대에 진입하는 대시세를 보인 바가 있다.

⑦ 주인이 있는가?

차트 3-8　매집의 흔적

2008년 세계적인 주식시장 급락의 여파로 35,750원까지 급락한 이후 저점 4만 원과 고점 5만 원을 사이에 두고 점차 저점을 높여가고 있다. 바닥에서 거래량이 크게 느는 동안 대량 거래가 터지는 경우가 잦다.

그림 3-10에서 확인할 수 있듯이 변동폭이 큰 박스권에서 개인 투자자들은 쉽게 접근하지 못한 반면 기관들은 점진적으로 주식 수를 늘리면서 매집해갔다.

그림 3-10

기관 매매동향

날짜	종가	대비		거래량	기관			외국인			한도 소진율(
					매수량	매도량	순매수	매수량	매도량	순매수	
2009/03/04	50,500	▲	1,450	1,795,268	623,894	402,124	221,770	331,052	518,910	-187,858	25.34
2009/03/03	49,050	▲	2,050	1,542,259	662,845	294,059	368,786	251,140	379,887	-128,747	25.43
2009/03/02	47,000	▲	1,700	1,005,012	317,827	271,562	46,265	116,290	346,159	-229,869	25.49
2009/02/27	48,700	▼	500	1,190,177	379,058	426,569	-47,511	336,875	353,026	-16,151	25.59
2009/02/26	49,200	▲	100	2,228,794	827,176	622,997	204,179	374,380	598,045	-223,665	25.60
2009/02/25	49,100	▲	1,550	1,720,704	892,380	322,777	569,603	147,430	676,555	-529,125	25.70
2009/02/24	47,550	▲	1,850	1,511,735	738,511	279,451	459,060	148,880	843,750	-694,870	25.95
2009/02/23	49,400	▲	2,700	1,246,893	510,961	300,060	210,901	120,620	346,633	-226,013	26.26
2009/02/20	46,700	▼	1,000	1,215,385	423,767	269,747	154,020	278,295	482,398	-204,103	26.36
2009/02/19	47,700	▼	500	1,540,448	617,984	583,644	34,340	297,770	524,060	-226,290	26.46
2009/02/06	53,300	▲	1,700	1,756,154	719,275	417,440	301,835	513,581	522,709	-9,128	26.75
2009/02/05	51,600	▼	300	2,575,470	788,495	628,961	159,534	666,090	457,908	208,182	26.76
2009/02/04	51,900	▲	3,850	3,679,561	1,797,680	452,433	1,345,247	456,530	740,843	-284,313	26.66
2009/02/03	48,050	▲	1,650	1,396,010	612,689	412,625	200,064	174,470	205,770	-31,300	26.79
2009/02/02	46,400	▼	1,100	1,877,675	565,893	481,481	84,412	446,560	555,903	-109,343	26.79
2009/01/30	47,500	▼	1,000	1,598,399	710,995	435,395	275,600	159,800	413,992	-254,192	26.82
2009/01/29	48,500	▲	1,500	2,752,902	970,070	497,320	472,750	955,950	428,860	527,090	26.94
2009/01/28	47,000	▲	5,000	2,073,753	783,028	234,804	548,224	447,440	402,595	44,845	26.69
2009/01/23	42,000	▼	250	1,435,871	606,062	454,413	151,649	308,270	305,340	2,930	26.66
2009/01/22	42,250	▼	1,250	1,822,404	663,027	609,013	54,014	276,148	307,282	-31,134	26.66

차트 3-9 ┃ 기술적 조건

패턴을 먼저 보자면, 대시세 패턴 중 하나인 트위스터형 출현으로 급등세를 나타낸다. 거래량상으로는 상승 초기에 증가형 패턴이 연속적으로 출현하며 매집 과정에 있음을 암시하며, 본격적인 상승세에 들어서자 거래량이 오히려 줄어들면서 충분히 매집이 되었음을 재확인해준다.

매수 급소는 투자성향에 따라 2가지로 잡을 수 있다. 안정성을 중시하는 투자자라면 5일선과 20일선의 골든크로스가 3번 발생한 이후 화살표 모양이 표시되어 있는 3월 중순부터 진입을 시작한다. 중기 수급선인 60일선을 최종 손절선으로 잡고 주가가 20일선 부근까지 단기 조정을 받을 때마다 서서히 모아가는 전략으로 대응하면 된다.

확인매매 또는 상승탄력을 위한 투자자라면 추세 이탈 기법인 인사이드 기법으로 매수 급소를 잡는다. 2009년 4월 초 수평으로 그은 선 위에 원으로 표시된 구간을 보면 직전 고점이자 강력한 저항영역인 55,000원대를 장대양봉으로 돌파한다. 이튿날 갭상승이 출현되면서 인사이드 기법 중에서 상승탄력형인 B형 패턴이 만들어진다. 이 패턴의 완성 시가 최적의 매수 타이밍이므로 직전 박스권 상단을 최종 손절선으로 책정해서 강력한 매수전략으로 임한다.

현대차는 5월 이후 신차인 프리미엄급 뉴에쿠스와 YF소나타의 흥행 기대감으로 견고한 상승세를 보였다. 초기 상승을 이끈 것은 기관들의 매수세였지만 4월 이후로는 기관의 보유량이 줄고 대칭적으로 외국인 보유량이 늘면서 외국인들이 이후 추세적 상승을 이끌었다. 주도세력의 손바뀜이 이뤄지면서 강력한 시세로 진입하여 주가는 역대 사상 최고치인 11만 8,000원을 찍었다.

송원산업은 정밀화학 기업으로서 플라스틱 첨가제 분야에서는 국내 최고의 기술력과 독보적인 시장 점유율을 가지고 있다. 높은 기술력을 기반으로 세계 시장에서도 업계 4위, 점유율 13%를 기록하고 있다. 주력 제품으로는 산화방지제, PVC 안정제, TIN중간체, 폴리우레탄수지, 고분자 응집제 등이 있다.

① 기본적 조건을 갖췄는가?

① PER : 3.42

② PBR : 0.59

③ 유보율 : 1,257.2%

② 덩치가 너무 크거나 작지는 않은가?

① 시가총액 : 910억

② 자본금 : 120억

③ 유통주식 수(주식 분포 및 대주주 지분)

- 전체 발행주식 수 : 24,000,000주

- 최대주주를 포함한 특수관계인 지분 : 11,356,197주(47%)

- 유통주식 수 : 12,643,803주

③ 전자공시의 특이사항은 없는가?

그림 3-11	공시(자산재평가 결과)

기타 주요경영사항(자율공시)

1. 제목	당사 소유 토지에 대한 자산재평가 결과
2. 주요내용	1. 기업회계기준서 제5호 "유형자산"에 의한 토지 공정가액 재평가 대상 (1) 감정평가대상 : 유형자산(토지) - 울산 남구 여천동 354-1 외 - 울산 남구 매암동 300 외 - 경기도 수원시 영통구 신동 460 - 서울 서초구 반포동 59-4 외 - 부산 연제구 연산동 412-9 외 - 울산 남구 선암동 165 - 울산 남구 삼산동 1547 - 울산 남구 신정동 1676 외 - 경기도 수원시 영통구 매탄동 810 (2) 토지면적 : 261,372.66㎡ (3) 재평가전 토지 자산가액 : 62,809,811,589원 (4) 감정평가법인 : (주)써브감정평가법인 2. 감정평가결과 재평가 내역 - 172,621,303,400원 3. 당사는 상기 감정평가결과를 2008년 결산기말시점으로 아래와 같이 회계처리할 예정임 (1) 유형자산(토지) : 109,811,491,811원 증가 (2) 자본항목(기타포괄손익) : 85,652,963,613원 증가 (3) 부채항목(이연법인세부채) : 24,158,528,198원 증가
3. 결정(확인)일자	2009-02-03
4. 기타 투자판단에 참고할 사항	1. 상기 결정(확인)일자는 감정평가법인으로부터 감정평가서를 접수한 일자임 2. 상기 자산재평가액은 당사 외부감사법인의 감사전 수치로 감사결과에 따라 변동될 수 있음. ※ 관련공시 | -

2009년 2월 3일 공시를 통해 토지 자산재평가 결과를 공개했다. 기존 628억 원이던 토지자산이 1,726억으로 재평가를 받으면서 자산가치가 무려 1,098억 원이나 증가하였다.

④ 시세의 재료는 무엇인가?

- 턴어라운드 : 2009년 2월 16일 사업보고서를 통해 지난해 영업이익이 21억 7,600만 원으로 전년 대비 흑자전환했다고 공시했다. 매출액은 3,698억 7,900만 원으로 60.6% 늘었지만, 당기순손실이 179억 7,900만 원으로 적자를 지속한 것으로 잠정 집계됐다. 이에 대해 회사 측은 2007년 매암공장 신축에 따른 시설투자용 차입금의 이자비용 증가 때문이라고 밝혔다. 즉, 적자의 원인이 영업 부진이 아니라 투자설비 비용에 의한 것이라는 점이다.

⑤ 뉴스와 애널리스트 반응은 어떠한가?

하나대투증권과 우리투자증권 등이 향후 본격적인 턴어라운드가 예상된다며 긍정적인 보고서를 제출하였다.

① 우리투자증권 보고서(발췌)
- 글로벌 업황 변화의 최대 수혜주, 본격적인 턴어라운드 구간 진입
- 주요 경쟁사의 몰락에 따른 거래선 확대 및 장기 공급계약 체결 등 우호적인 반사 효과와 원재료 및 판매가격의 스프레드 축소, 설비투자비용^{CAPEX} 완료로 올해 본격적인 턴어라운드가 가능할 것으로 전망
② 하나대투증권 보고서(발췌)
- 실적호전 기대, 중장기적 접근 유효

– 주력 제품인 산화방지제의 매출 성장과 함께 제품 가격 인상 가능성

등으로 수익성 개선, 올해부터 실적개선 본격화 기대

⑥ 끼가 있는 종목인가?

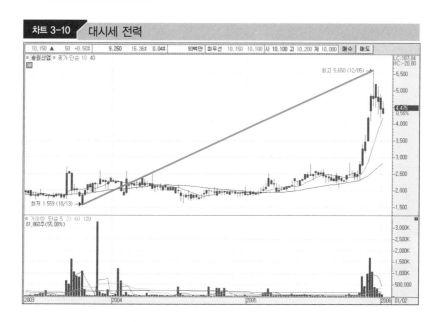

2005년 11월경 2,000원 초반에 있던 주가가 특별한 이유 없이 저평가

주로 거론되면서 한 달여 만에 5,600원까지 치솟는 매우 탄력적인 상승세

를 보이며 대시세 종목으로 입증된 바 있다.

차트 3-11 매집의 흔적

8월 중순, 9월 중순, 11월 중순 그리고 2월 초와 중순경에 거래량상 기린형 패턴이 자주 출현하며 매집을 암시하고 있다. 2008년 6월 12일 크레디트스위스 홍콩법인에 발행한 EB(교환사채) 1,398,391주를 매입 소각함에 따라 더욱 높은 재무건정성을 확보하게 되었다. 이로써 저평가 메리트가 더욱 높아지며 국민연금과 정보통신부 등의 자금을 위탁 운영하는 유리자산이 집중적인 매수세를 보였다. 한국투자밸류자산운용에서도 6% 이상 지분을 확보하며 본격적인 매집에 동참하여 기관들의 전체적인 보유주식 수가 늘어났다. 기관 주도의 시세가 준비된 상황이다.

⑧ 기술적 조건은 어떠한가?

먼저 주가를 보면 차트에서 확인되는 바와 같이 오랜 횡보 기간을 가짐으로써 충분한 에너지가 모여 있는 상태다. 또한 앞서 7항에서 살펴봤듯이 기린형 거래량 패턴을 보임으로써 매집 주체가 있다는 것도 확인되었다. 그 매집 주체에는 유리투자자산과 한국투자밸류자산운용도 포함된다.

본격적인 매수 급소는 투자성향에 따라 2가지로 포착할 수 있다. 첫 번째 안정성을 중시하는 투자자라면 5일선과 20일선의 골든크로스가 3번째 발생하는 3월 초순경(네모로 표시된 부분)부터 수급선인 60일선을 최종 손절선으로 책정하고 3분할 관점으로 매수한다.

두 번째 확인매매 또는 상승탄력을 위한 투자자라면 앞서 배운 것처럼 인사이드 기법을 적극 활용해서 매수하면 된다. 수평으로 그은 선 위에 원으로 표시된 구간은 인사이드 기법 A형 패턴으로서 적극적으로 매수에 가담해야 하는 지점이다.

송원산업은 이후 연기금과 투신사들의 집중적인 러브콜을 받으며 4,500원대에 머물고 있던 주가가 13,000원 중반대까지 쉬지 않고 급등하였다. 주가가 본격적인 시세를 분출하자 후발 증권사들이 앞 다투어 긍정적인 리포트를 발표하면서 주가는 다시 14,000원을 돌파한다.

3 정부정책 관련주
– 정부정책에서 장단기적 시세 흐름을 파악한다

새로운 정부정책이 발안되면 가장 먼저 반응을 보이는 곳이 주식시장이다. 해당 산하기관보다 수혜 종목의 움직임이 더 빨리 가시화된다는 것은 시장을 오래 경험한 이들이라면 누구나 알고 있는 사실이다. 해당 기관들이 세부계획을 마련하고 그 타당성을 검증하고 재원을 마련해야 하는 일들로 물밑에서 분주한 반면 시장에서는 며칠 만에 수혜주가 분류되고 그중 선도주가 튀어 오르면서 이슈를 형성해간다.

재정경제부가 국내 증권사를 외국의 거대 증권사처럼 투자은행(IB)으로 키우기 위해 증권 관련 규제를 과감히 풀고 은행과의 역차별을 해소하는 방안을 마련했다고 각 뉴스에 보도한 이후 증시는 말 그대로 증권주의 날이었다. 증시에서는 거래되는 33개 증권주가 약속이나 한 듯이 모두 상승했고 이 중에서 상한가를 기록한 증권주가 10개에 달했다.

위의 글은 신문기사의 일부를 인용한 것이다. 정부정책이 증시에 미치는 영향력을 실감할 수 있다. 투자자들이 정부정책이 나올 때마다 수혜주 찾기에 여념이 없는 이유이기도 하다. 과거를 보더라도 한국형 뉴딜정책, 증권 산업 육성책, 에너지 전문 기업 육성책, 줄기세포 중점 지원 등 정책 및 제도 변경에 따른 수혜주들이 수두룩하다.

그리고 그 수혜주들의 시세는 전적으로 재료의 가치, 즉 정부정책의 장단기적 파급력에 달려 있다. 현재 세계적인 화두가 되고 있는 친환경, 녹색 성장이라는 키워드는 과거 IT 광풍만큼의 급격한 회오리는 몰고 오지 않을지라도 주식시장에서 오래갈 재료임이 분명하다. 일상생활과 아주 가깝게 출발하여 먹거리, 건축, 옷, 화장품 등에는 이미 깊이 관여되어 있다. 화석연료 문제와 연관되어 에너지, 물류 등에도 영향을 주고 있으며 금융에도 녹색이라는 단어가 도입된 지 오래다. 앞으로 어느 분야로 확산될지 우리 독자들도 계속 주시해야 한다.

하지만 수혜주로 명명된 종목들이 아낌없이 시세를 분출했다 하더라도 발안된 정부정책이 모두 실현 타당성을 갖는 것은 아니기 때문에 '없던 일'로 되는 경우도 다반사다. 정책이 추진되는 과정에서 여론에 밀려 중도하차하거나 정부부처 간 이전으로 오히려 시장의 혼란만 부추기는 경우도 있다. 충청권 행정수도 건설 정책이 백지화된 것이 대표적인 예다.

정부 고위 당국자들이 여론을 떠보기 위해 흘리는 '애드벌룬성 정책'도 요주의 대상이다. 예를 들어 '정부가 무슨무슨 정책의 추진을 검토한다'는 식의 기사는 무조건 믿지 말고 전후 사정을 잘 따져봐야 한다. 이런 정책들은 여론이 괜찮으면 밀어붙이지만 반대 여론이 들끓으면 슬그머니 거둬들이는 경우가 많기 때문이다. 이때도 수혜주는 등장할 수 있으나 생명력이 오래지 않고 도리어 단기 고점을 기록한 뒤 실망 매물만 쌓일 수 있으니 특히 주의해야 한다. 그야말로 옥석을 가릴 줄 아는 안목이 필요하다.

실전사례 1 정부정책 LED 관련주 : **서울반도체**

　LED 제품을 생산, 판매하는 종합 LED 기업으로서 2009년 현재 LED 부문 국내 시장 1위, 세계 시장 4위의 기업이다. 광반도체 응용부품 국내 최대 메이커로 국내 시장 점유율 20% 이상을 차지하며 특히 매출의 10%를 R&D에 투자하고 있다. 자체 기술 개발과 선진 LED 업체와의 전략적 제휴를 통하여 현재 총 5,000여 건의 특허를 확보하는 등 타 경쟁업체와의 차별화를 극대화하면서 독보적인 기술력을 바탕으로 성장하고 있다.

　• 관련주: 루멘스, 화우테크, 우리이티아이, 엔하이테크, 알티전자

① 기본적 조건을 갖췄는가?

　① PER : - (당기순손실)

　② PBR : 2.81

　③ 유보율 : : 549.4.%

② 덩치가 너무 크거나 작지는 않은가?

　① 시가총액 : 5,589억

　② 자본금 : 254억

　③ 유통주식 수(주식 분포 및 대주주 지분)

　- 전체 발행주식 수 : 50,814,400주

– 최대주주를 포함한 특수관계인 지분 : 21,121,593주(41.57%)

– 유통주식 수 : 29,692,807주

③ 전자공시의 특이사항은 없는가?

그림 3-12 **공시(연구개발 활동)**

(2) 연구개발비용

(단위 : 백만원)

과 목		제22기	제21기	제20기	비 고
원 재 료 비		6980	3,897	3,020	–
인 건 비		5040	5,528	3,553	–
감 가 상 각 비		1247	748	659	–
위 탁 용 역 비		8325	1,348	1,886	–
기 타		8362	4,192	2,530	–
연구개발비용 계		29954	15,655	11,648	–
회계처리	판매비와 관리비	14122	7,886	4,447	
	제조경비	9402	6,441	5,868	–
	개발비(무형자산)	6430	1,328	1,333	
연구개발비 / 매출액 비율 [연구개발비용계÷당기매출액×100]		10.54%	6.3%	6.3%	

* 특허관련 비용은 제외된 금액

 2008년 기준으로 매출액 대비 10% 이상을 연구개발비로 재투자하고 있다. 액수로 치자면 300억에 가까운 금액이다. 이 기업은 연구개발비 투자를 늘려 매년 10%를 유지하겠다는 전략을 갖고 있으며, 그 결과 독보적인 기술력으로 다종다양한 특허권을 획득했다.

④ 시세의 재료는 무엇인가?

① 정부정책으로 대표적인 저효율 기기인 백열전구를 대신해 고효율 기기인 LED 보급 확대 방침 발표

② 일본 업체 니치아와 벌이고 있는 특허소송을 끝내면 세계 최고 수준의 기술력을 바탕으로 두 자릿수 영업이익 및 턴어라운드 가능성 고조

③ 글로벌 시장에서의 성장성 지속 : 2007년 세계 8위에서 2009년 4위로 급상승(글로벌 LED 순위 6위(2008)–시장조사기관인 스트래티지스 언리미티드 발표, 글로벌 LED 순위 4위(2009)–시장조사기관인 IMS 리서치 발표)

⑤ 뉴스와 애널리스트 반응은 어떠한가?

① IBK투자증권 보고서(발췌)

– 투자의견 '매수' 제시

– LED 시장 성장 수혜 지속 기대

– 주요 선진국 에너지 절감 관련 환경 규제가 강화되고 있고 정부의 친환경 관련 산업의 육성 전략이 LED 조명 분야에서 강화되고 있는 점 등을 고려할 때 향후 성장 잠재력 높다고 평가

② 한화증권 보고서(발췌)

– 투자의견 '매수' 유지

– 정부의 2013년까지 백열전구 퇴출 계획 주목

– 저효율 광원인 백열전구 대신 소비전력이 낮고 광효율이 우수하며

수명도 백열전구의 8배인 안정기 내장형 램프가 도입될 것으로 전망

③ 굿모닝신한증권 보고서(발췌)

- 투자의견 '매수' 제시

- 니치아와 모든 특허분쟁 종결 선언과 함께 크로스 라이센스를 체결
하면서 최대의 불확실성이 소멸됐다고 분석

⑥ 끼가 있는 종목인가?

수년 동안 5,000원대를 오르내리던 주가는 2006년에 진폭을 키우다가
2007년에 대시세를 분출한 바 있다. 당시 연초 저점 7,000원대에서 9월

고점 37,000원대까지 5배 이상의 시세를 주었다. 이후 전체 시장의 영향으로 주가는 원래의 횡보 가격대로 회귀하여 10,000원 아래에서 반년을 보내며 2009년을 맞이했다. 2009년 들어 사상 최대의 실적 행진이 이어지며 주가도 재도약의 계기를 맞았다.

⑦ 주인이 있는가?

차트 3-14 매집의 흔적

2008년 세계적인 증시 침체의 영향으로 이 종목 역시 급락의 대열에 끼게 되었지만 하반기 들어가면서 더 이상의 하락이 없이 일정 가격대를 횡보하는 모습을 보였다. 차트에서 확인할 수 있는 바와 같이 9월부터 거래량이 확연히 증가하는데 5개월의 바닥 다지기 구간 동안 1~2개월 간격으로 대량 거래가 터지는 것을 볼 수 있다.

2009년 들어 지난해 결산 사상 최대 실적이 발표되면서 지난해 말 지분을 처분했던 미래에셋자산운용이 200만 주가 넘는 대규모 매수를 감행함과 함께 LED 관련 최대 수혜주로 주목되기 시작했다.

⑧ 기술적 조건은 어떠한가?

대시세 패턴 중 하나인 전형적인 둥근 바닥형, 특히 손잡이가 달린 컵형을 만든 후 손잡이 부분을 상향 이탈하면서 본격적인 시세를 분출하였

다. 손잡이 이탈 시점에 기관의 대규모 매수가 합류하여 시세의 탄력성을 급격히 강화시켰다. 이때부터 최고점인 47,000원대에 이르기까지 기관과 외국인의 보유량은 지속적으로 증가했다.

이 종목의 매수 급소는 투자성향에 따라 2가지로 포착할 수 있다.

첫 번째 안정성을 중시하는 투자자라면 연중 최저점인 6,630원을 기록한 이후 대량 거래량을 수반하며 저점을 높여갈 때부터 주시하고 있어야 한다. 그동안 강한 저항선으로 작용한 120일선을 돌파한 후 첫 지지 흐름이 나오는 시점에서 분할매수를 하는 전략이 적격이다. 이 매수 타이밍은 고점 대비 크게 하락한 종목이 바닥권을 다진 후 상승추세로 전환하는 초기 시점에 공략하는 방법이다. 단기 바닥이 확인되었다는 안정성을 고려한 것이다.

확인매매 또는 상승탄력을 위한 투자자라면 추세 이탈 기법인 인사이드 기법 중 상승탄력형으로 매수 급소를 포착한다. 차트 중 원으로 표시된 부분의 캔들을 보면 첫 번째 장대양봉의 고점을 돌파하는 네 번째 장대양봉에서 시세를 읽을 수 있다.

서울반도체는 정부의 LED 육성 정책에 따른 기대감과 기업 자체의 실적 모멘텀 등의 호재로 6,500원대의 저점에서 1년 만에 47,000원대까지 무려 900%에 달하는 강력한 시세를 분출했다.

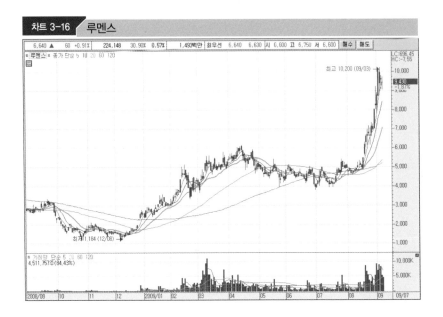

차트 3-16 루멘스

2006년 8월 상장하여 3,000원에서 5,000원 사이의 가격 움직임을 보여
오다 2008년 하락장에서 박스 하단을 붕괴시키고 1,100원대까지 떨어졌
던 종목이다. LED 관련 수혜주로 조명을 받으면서 이후 10개월 만에
10,000원대까지 올라갔다. 주도주인 서울반도체의 가격에 부담을 느낀
투자자들의 매수세가 몰렸고, 대기업의 피인수 루머 등이 시장에 돌면서
시세를 가속화했다.

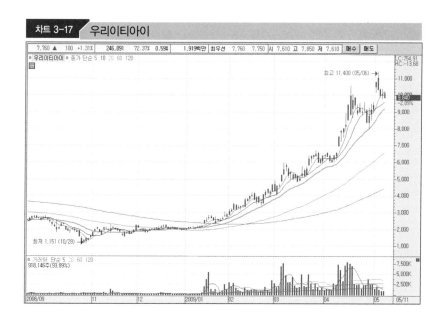

차트 3-17 우리이티아이

우리이티아이는 관계사인 우리조명의 LED 관련 부문이 시장에서 테마로 부각되면서 시장의 주목을 받은 종목이다. 실제 우리조명보다 주가가 낮았다는 점에서 가격적인 메리트에 의해 매수세가 강하게 유입되었다는 특징이 있다. 자사의 LCD 부분 매출 증대 소식이 맞물리면서 연초 저점 1,900원대에서 9월 고점 11,000원대까지 큰 시세를 주었다.

전력의 생산, 공급에 필요한 전기제어장치를 개발, 제조 및 판매하는 중전기기사업과 플라즈마 응용, 진공상태 초정밀 접합, 특수공정 설계 등을 이용하여 각종 프로젝트 납품을 하는 특수사업 영위 기업이다. 우주항공과 플라즈마 등 고부가가치를 창출하는 특수사업의 비중을 확대하면서 한국항공우주연구원 등의 시제품 제작에도 참여하고 있다.

- 관련주: 비츠로시스, 한양이엔지, 한양디지텍, 쎄트렉아이, AP시스템

❶ 기본적 조건을 갖췄는가?

① PER : 9.80

② PBR : 1.02

③ 유보율 : : 312.42%

❷ 덩치가 너무 크거나 작지는 않은가?

① 시가총액 : 224억

② 자본금 : 56억

③ 유통주식 수(주식 분포 및 대주주 지분)

– 전체 발행주식 수 : 11,234,431주

– 최대주주인 장순상 대표 지분 : 4,451,836주(39.6%)

- 유통주식 수 : 6,782,595주

③ 전자공시의 특이사항은 없는가?

| 그림 3-13 | 공시(연구개발 활동) |

(2) 연구개발비용

(단위 : 벡만원)

과 목		제42기 3분기	제41기	제40기	비 고
원 재 료 비		577	1,174	255	
인 건 비		743	680	142	
감 가 상 각 비		–	–	–	
위 탁 용 역 비		470	461	146	
기 타		493	519	112	
연구개발비용 계		2,283	2,834	655	
회계처리	판매비와 관리비	–	–	–	
	제조경비	1,583	1,387	304	
	개발비(무형자산)	700	1,447	351	
연구개발비 / 매출액 비율 [연구개발비용계÷당기매출액×100]		5.3%	5.5%	5.0%	

☞ 제 40기는 결산기 변경에 의한 3개월 실적임(2007.1.1~2007.3.31)

연구개발비용을 볼 때 제40기에 6억 5,500만 원이던 것이 제41기에 28억 3,400만 원으로 급격히 증가했다. 이 금액은 공시에 의하면 매출액 대비 5% 수준으로 산정된 것이며 제40기는 3개월 실적임을 감안해서 봐야 한다. 또한 제42기 중 3분기까지 22억 8,300만 원을 투자하였는데 이런 추세라면 4분기까지 연구비용이 전년 대비 증가할 것으로 보여 꾸준한 연구개발이 이뤄지고 있음을 확인할 수 있다.

그림 3-14   공시(연구개발 실적)

나. 연구개발 실적

년도	연구명	세부내용	비고
2005년	퓨즈홀더개발	전력퓨즈의 온도상승을 제한하고 전력손실을 감소시켜 전력퓨즈의 열화등에 의한 경제적 손실 현저히 감소.	2005년 9월26일 특허취득
2005년	게이트밸브 개발	롤링 진공게이트 밸브	2005년 6월7일 특허취득
2005년	한류형 배선용 차단기	L-TYPE 225AF, 2/3/4P	9월 전기종 KS획득
	UL용 배선용 차단기	225AF/400AF/800AF	
	ELB개발	50AF/100AF/225AF, 3P	100AF 완료

특허 취득한 기술을 통해 소형 위성발사체 개발사업에 본격적으로 참여하는 계기가 되었다. 특허 개발한 게이트밸브와 퓨즈홀더는 비츠로테크가 본격적인 우주항공 산업에 진출할 수 있게 한 품목이다. 게이트밸브는 소음발생을 감소시키고 금속가루나 먼지의 발생을 방지하면서 동시에 피스톤의 작동압력 조절이 가능하다는 장점을 보유하고 있다. 이 제품은 2006년 31억을 시작으로 2007년 76억, 2008년 90억까지 매출을 올릴 정도로 급성장하고 있으며 퓨즈홀더 부분이 포함된 차단기 부분의 실적도 급성장세를 보였다.

그림 3-15 **공시(사업목적 변경)**

사업목적 변경

1. 변경내용		사업목적 추가
-사업목적 추가		-유무선 원격제어장치 제작,판매업
		-조명장치 제조업
		-정수 및 하수처리장비 제조,판매업
		-자외선 조사기기 제조,판매업
		-방지시설업(수질,대기)
		-하수처리업
		-증류기,열교환기 및 가스발생기 제조,판매업
		-가정용 전열기기 제조,판매업
		-기타 가정용 전기기기 제조,판매업
		-건물 설비 설치공사업
		-폐기물 처리기기 제조
		-컴퓨터 보수정비 서비스
		-전자파 시험설비의 제조 및 판매업
		-영상전송 장비의 제조 및 판매업
		-부가통신망 사업
		-신재생에너지 설비 제조 및 판매업
		-우주항공용 부품,가속기용 부품,진공관련 부품과 관련된 과학기자재 제작 및 판매업
		-전동기 및 발전기 제조업
		-발전업(풍력,원자력)
		-전문소방공사업
-사업목적 삭제		-
-사업목적 변경	변경전	-
	변경후	-
2. 변경 주요이유		신규사업 진출 및 사업다각화
3. 사업 추진일정		2007년 3월 2일 정기주주총회를 통해 일정을 구체적으로 발표
4. 이사회결의일(결정일)		2007년 02월 09일

2006년 영업손실 28억, 당기순손실 92억이 발생한 가운데, 2007년 2월 9일 사업목적 변경신고를 하고 기존 사업에서 신사업으로 뛰어들면서 새로운 성장 모멘텀을 찾으려는 움직임을 보였다. 특히 네모로 표시한 부분을 자세히 보면 우주항공용 부품 등을 신사업에 추가하면서 실적개선을 이루려고 노력하고 있음을 확인할 수 있다.

④ 시세의 재료는 무엇인가?

① 정부정책의 일환으로 나로우주센터에서 위성발사체 제작

② 2008년 10월 20일, 2009년 발사 예정인 한국형 소형 위성발사체 공개 : 발사 전까지 계속적으로 관심이 집중될 테마로 자리 잡음

③ 한국인 최초의 우주인이 탄생하면서 우주에 대한 관심이 높아졌으며, 우주항공산업은 부가가치가 매우 높다는 시장 공감대 형성

⑤ 뉴스와 애널리스트 반응은 어떠한가?

① 현대증권 보고서(발췌)

– 한국형 우주발사체^{KSLV} 발사 예정 등 우주항공분야가 부각될 전망

– 우주개발 투자가 지속적으로 확대될 것이며 관련 뉴스가 이어질 전망

– 본격적인 우주항공 시대를 열어갈 것이므로 관련주에 관심 가질 것

② 뉴스(발췌)

2008년 7월 15일과 16일 양일간 대부분 일간지와 인터넷 뉴스에서 '한국형 인공태양'을 메인 기사로 보도함으로써 우주개발에 대한 기대 증폭

– 교육과학기술부와 국가핵융합연구소는 KSTAR가 6월 첫 플라스마 발생실험을 성공적으로 마쳤다고 밝혔다. 핵융합장치는 태양이 빛을 내는 원리인 핵융합반응을 지상에서 인공적으로 일으켜 핵융합 에너지를 얻는 장치로 '인공태양'으로도 불린다.

⑥ 끼가 있는 종목인가?

차트 3-18　대시세 전력

과거 차트에서 보는 바와 같이 주가는 2007년 3월 1,300원대까지 떨어졌으나 그해 12월부터 단기간(3개월)에 600% 이상의 급등세를 보이며 9,600원대까지 시세를 분출하였다. 지수가 하락세를 이어가는 가운데 지수와 상관없는 흐름을 보이며 대시세 종목으로 입증된 바 있다.

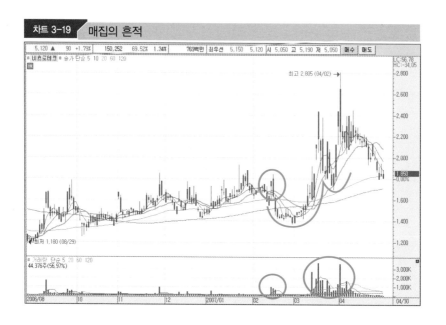

차트 3-19 매집의 흔적

차트 3-19는 사업목적 변경 이후의 주가 움직임이다. 사업목적 변경 공시가 나온 2007년 2월 9일 이후 주가는 갑자기 이전 추세를 벗어나 급락했다. 급락 시 거래량은 동반되지 않았으며 3거래일 만에 아래꼬리가 이례적으로 긴 역망치형이 탄생하면서 거래량도 전일 대비 1,500%나 급증했다. 그후 주가는 전형적인 둥근 원형을 만들어갔고 패턴의 완성 단계에서 거래량이 급증하며 대시세가 내포되어 있음을 암시했다.

　　차트 3-20은 이전 차트에서 1년여가 지난 구간의 모습이다. 2~3개월 간격으로 주가와 상관없는 징검다리형 대량 거래가 일어난다. 이후 다시 기린형 패턴이 초기에 가미된 거래량 감소형 패턴이 연속해서 출현하면서 초보자는 물론 거래량을 중시하는 투자자들의 거래량 분석을 난해하게 만든다. 투자 결정에 확신을 갖지 못한 이들의 매도 물량을 흡수하며 매집이 순조롭게 완료된 종목의 특징, 즉 주가는 상승해도 거래량이 늘지 않는 모습을 보이며 시세를 강화시켜가고 있다.

2007년 말과 2008년 초에 걸쳐 급격히 상승한 후 시세가 끝난 것처럼 주가는 계속적으로 빠지고만 있다. 전 세계적인 시장 상황도 마찬가지였으므로 보유 물량을 모두 처분하고 주식시장을 등진 투자자들이 많았을 것이다. 8개월여의 기나긴 하락 구간 동안 기존 보유자들의 물량은 대다수가 출회되었다고 볼 수 있다.

하지만 거래량에서 폴대형이 등장하는 구간과 간격을 보면 선도세력은 이미 한참 전부터 매집에 돌입했음을 알 수 있다. 특히 2008년 7월에서 8월 사이 대량의 거래량과 함께 매집의 흔적이 발견되며 이후 2~3개월마다 대량 거래를 터트리면서 물량 테스트 기간을 거친 후 본격 시세를 주었다.

매수 급소는 이동평균선과 거래량을 함께 보면서 포착한다. 2008년 상반기 상승 구간에서 저항선이 되었던 어림수 5,000원의 가격대가 2008년 하반기 반등 시와 2009년 초 상승 초기에도 저항영역으로 작용하고 있다.

안정성을 중시하는 투자자라면 최적의 매수 급소는 중기와 장기 이동평균선이 골든크로스하여 정배열을 완성하는 시점으로 20일선에서 눌림목을 형성할 때이다. 확인매매 또는 상승탄력을 위한 투자자라면 눌림목 이후 상승하여 전고점 저항을 받고 형성되는 2차 눌림목에서 대기하였다가 전고점 돌파 시점에 진입한다.

주변 종목 흐름

차트 3-22 한양이엔지

5개월 동안 2,700~4,000원의 박스권 패턴을 보였다. 특정 밴드 안에서 주가는 횡보세를 보이지만 거래량이 점진적으로 증가하며 주기적인 대량 거래가 출현하는 것으로 보아 매집이 이루어지고 있다는 것을 알 수 있다.

이 횡보 구간 동안 선도세력들은 총 3차례에 걸쳐 본격적인 매집을 하였다고 볼 수 있으며 매집이 끝난 이후 박스권 상단을 돌파함과 동시에 우주항공 관련주로 인기를 모으면서 본격적인 시세 분출이 시작되었다.

쎄트렉아이는 2008년 상장한 새내기주로서 상장 이후 고점인 53,700원에서 8,320원까지 과대 낙폭을 보인 종목이다. 2008년 10월 말을 기점으로 완만한 반등이 나오면서 저점이 지속적으로 높아지며 과거와는 다른 주가 흐름을 보였다.

폴대형 등 거래량상 매집 흔적은 2008년 8월부터 나타난다. 2009년 2월에 접어들면서 120일선을 돌파함으로써 모든 이동평균선의 정배열과 함께 본격 시세를 주었다. 2만 원대의 수평으로 그은 선 위에 원으로 표시한 부분이 강한 저항영역이었는데 이 지점을 돌파하면서는 수직에 가까운 상승세를 보여주었다.

4 테마주
– 중기적 전망을 세우고 접근한다

테마주란 정부정책과 사회적으로 큰 이슈가 될 수 있는 뉴스에 따라 공통된 하나의 재료로 같이 움직이는 주식들을 말한다. 이런 테마주는 해마다 수차례씩 만들어지며 시간이 오래되거나 재료가 노출되면 소멸해간다.

시장에서 하나의 테마를 형성한다는 것은 그만큼 광범위한 공감대를 갖추고 있다는 것이므로 테마주를 매매한다는 것은 비교적 큰 수익을 낼 수 있는 기회가 된다. 하지만 내재가치나 미래 성장성에 기반하지 않거나 기관이나 외국인 등 거대 자금이 주가관리를 하는 경우가 아닌 이상 개인투자자에게는 수익 기회보다 손실 기회가 더 크다고 할 수 있다. 해당 테마가 시장에 이슈화된 시점에서는 주가가 이미 상당폭 올라 있을 가능성이 크고, 매집 주체들은 빠져나갈 시간을 노리고 있을 것이기 때문이다.

하지만 고도의 리스크를 감당하고자 하는 적극적인 투자자라면 테마주 매매도 고려해볼 수 있다. 단, 어느 경우에도 냉철한 판단이 필요하며 진입 시 퇴장의 원칙을 분명히 해야 한다는 점을 명심해야 한다. 적절하게 진입했더라도 항상 긴장을 풀지 않고 주시해야 하는 것이 테마주 매매이다.

테마주는 크게 주기적인 테마와 예측이 불가능한 비주기적 테마로 구분할 수 있다.

(1) 주기적인 테마

해마다 일정 시기가 되면 일정한 기간 동안 같은 현상이나 특징이 반복되는 테마다. 선거, 황사, 여름 특수, 방학, 월드컵 등이 예가 될 수 있다. 쉽게 대응할 수 있다는 장점이 있으나 몇 차례 반복되기 때문에 희소성이 저하됨에 따라 상승탄력이 점점 약화된다는 단점이 있다.

(2) 비주기적인 테마

비주기적인 테마는 사회적 이슈, 산업 변화, 개별 기업의 신기술 개발 등을 말한다. 매년 같은 재료로 움직이는 주기적인 테마보다 돌발적이고 매물 부담감이 없어 상승탄력이 훨씬 강하다.

특히 영향력의 강도 면에서 볼 때 정부정책 테마가 즉각적이고 파격적인 결과를 가져다준다. 정부정책 테마라고 하면 대다수가 정보력이 없다는 이유로 어렵게만 생각하지만 신문이나 방송 등의 언론매체를 통해 꾸준히 관심을 기울인다면 수월하게 포착할 수 있다. 특히 총선과 대선 등 선거 시점에는 유력한 후보에 관심을 갖고 그 공약을 살펴본다면 남들보다 먼저 테마에 접근할 수 있을 것이다.

　게임주는 보통 여름방학 전인 5~6월과 겨울방학 전인 10~11월 사이에 신작 출시 및 업데이트를 하면서 주가가 서서히 움직인다. 엔씨소프트는 세계 최고의 온라인 게임 개발 기술과 강력한 퍼블리싱 네트워크를 보유한 회사다. 2000년부터 본격적인 해외진출을 시작하였으며 아시아, 유럽, 북미 등 세계 각 지역에 글로벌 네트워크를 확보하고 있다. 대표 게임인 아이온은 시장 점유율 18.59%로 1위를 기록하고 있고 리니지, 리니지2, 아이온을 합산할 경우 점유율은 27%에 육박한다.

　　• 관련주 : 액토즈소프트, 네오위즈, 네오위즈게임즈, CJ인터넷, 컴투스

①　기본적 조건을 갖췄는가?

　　① PER : 17.07

　　② PBR : 1.23

　　③ 유보율 : 5,004%

②　덩치가 너무 크거나 작지는 않은가?

　　① 시가총액 : 1조 845억

　　② 자본금 : 102억

　　③ 유통주식 수(주식 분포 및 대주주 지분)

- 전체 발행주식 수 : 21,691,312주

- 최대주주를 포함한 특수관계인 지분 : 6,080,056주(29.69%) / 미래에

  셋 지분 : 2,307,466주(11.01%) / UBS AG 지분 : 2,115,795(10.33%) /

  국민연금 지분 : 1,148,326주(5.61%)

- 유통주식 수 : 10,039,669주

③ 전자공시의 특이사항은 없는가?

미래에셋, UBS 등에 의해 대량보유상황 보고서가 연이어 제출되었다.

| 그림 3-13 | 공시(연구개발 활동) |

	보고자 :		미래에셋자산 운용투자자문(주)
요약정보			
발행회사명	엔씨소프트	발행회사와의 관계	주요주주
보고구분	변동		
보유주식등의 수 및 보유비율		보유주식등의 수	보유비율
	직전 보고서	2,057,663	9.8222
	이번 보고서	2,603,149	12.4164
보고사유	지분율 변동		

④ 시세의 재료는 무엇인가?

① 대작 게임인 아이온 출시에 따른 새로운 수익 모델로 턴어라운드 예상

② 실적호전 : 영업이익은 434억 원으로 전년 대비 216%, 매출액 1,031

  억 원으로 72%, 당기순이익은 348억 원으로 331% 각각 증가

⑤ 뉴스와 애널리스트 반응은 어떠한가?

각 증권사들에서 엔씨소프트의 실적 턴어라운드가 이루어질 것이란 호평이 앞다투어 쏟아지며 긍정적인 보고서기 지속적으로 제출된다.

① 하이투자증권 보고서(발췌)

– 목표주가를 8만 8,500원에서 10만 원으로 상향

– 신작 게임 '아이온'이 기대 이상의 흥행 성적을 거두고 있다며 아이
온의 파급효과에 대해 상당히 긍정적으로 평가

② 미래에셋증권 보고서(발췌)

– 목표주가 11만 원으로 상향

– 신규 게임 '아이온' 효과로 올 들어 주가가 큰 폭으로 올랐지만 실적
개선 속도가 빠르기 때문에 주가 상승 여력이 더 있다고 전망

③ CEO 주가

김택진 엔씨소프트 대표는 2008년 10월 23일 기자간담회를 갖고 아이
온 퍼블리싱을 진행하였다.

– 김택진 대표는 "내년은 아이온이 본격적으로 해외에 진출하는 한 해
가 될 것"이라며 "중국을 시작으로 미국, 유럽, 일본, 대만 등에 런칭
할 계획"이라고 설명했다. 기획 단계부터 글로벌 시장 진출을 고려하
고 제작된 아이온은 지난 8월 독일 게임컨벤션[GC]과 미국 팩스[PAX]에서
공개돼 긍정적인 평가를 이끌어냈다며 강한 자신감을 보여주었다.

⑥ 끼가 있는 종목인가?

차트 3-24 대시세 전력

과거 차트를 보는 바와 같이 2003년 3월 2만 원대를 이탈하는 모습을 보였던 주가가 리니지2가 본격적으로 상용화되면서 매우 탄력적인 흐름을 보였다. 저점 대비 500% 이상 상승하며 대시세 종목의 면모를 과시한 바 있다.

차트에 표시된 것과 같이 2008년 2월 초부터 매월 초순경에는 평균 거래량을 상회하는 대량 거래량이 계속해서 출현하면서 매집 흔적을 강력하게 보여주고 있다. 국내 대표 자산운용사인 미래에셋자산운용은 2009년 1월 30일부터 지분을 계속 확대하여 11%를 상회하였으며, 외국계 투자법인 UBS AG 역시 10.33%를 확보하였다. 본격 상승추세로 전환된 이후에도 미래에셋은16.85%인 3,550,982주를 UBS는 11.36%인 2,325,820주를 추가 확보하며 대시세 분출의 주도세력이 된다.

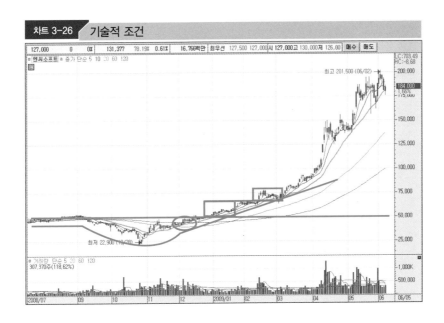

패턴상 J자형이 완성된 후 패턴 이탈 지점부터 폭발적인 상승랠리를 펼친다. 거래량상으로는 2008년부터 폴대형이 주기적으로 출현함으로써 물량 매집이 진행되고 있음을 보여준다. 2009년 들어서 상승을 시작하는 초기에는 오히려 거래량 감소형 패턴이 출현하며 사전에 강도 높은 물량 매집이 이뤄졌으며 폭발적인 상승랠리가 임박했음을 암시한다.

엔씨소프트는 상승 직전 4만 원대 후반에서 머물던 주가가 2개월 동안 줄곧 하락세를 이어가 60% 가까이 급락하였으며 대다수 투자자에게 극도의 공포감을 안겨준 이후 상승으로 전환했다.

이 종목의 매수 급소는 투자성향에 따라 크게 2가지로 볼 수 있다.

첫 번째 리스크 관리를 중시하는 투자자라면 2008년 12월 초 원으로 표시한 시점을 매수 급소로 보면 된다. J자형 패턴의 완성 시점에 120일선을 강한 양봉으로 돌파한 이후 견고하게 지지되는 모습을 보이고 있는 구간이다. 진입 시 최종 손절선은 120일선으로 잡는다.

두 번째 확인매매 또는 상승탄력을 위한 투자자라면 추세 이탈 기법인 레벨업 기법을 적극 활용한다. 차트에서 수평으로 그은 선 위에 두 개의 네모 부분이 단기 강력한 저항영역을 돌파한 후 눌림목이 형성된 곳이다. 이 지점이 급행열차를 탈 수 있는 마지막 최적 급소다.

엔씨소프트는 이후 미래에셋과 UBS의 쌍끌이 매수에 힘입어 한층 더 강화된 상승탄력을 보였다. 대작 게임인 아이온이 중국에 이어 유럽, 미국 등의 해외 게임시장에 성공적으로 진입하면서 주가는 저점 대비 무려 900% 가까운 201,500원을 기록하며 게임계의 황태자로 등극하였다.

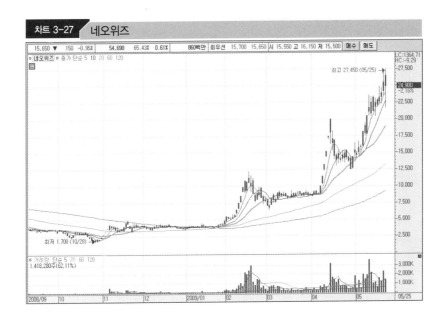

차트 3-27 네오위즈

네오위즈는 네오위즈게임즈를 자회사로 두고 있는 네오위즈 그룹의 지주회사다. 네오위즈게임즈가 게임주 테마에 편입되면서 급등세를 보이자 가격적인 메리트가 존재하는 이 종목으로 투자자들의 매수세가 집중되었다. 네오위즈는 7개월 만에 4,000원에서 27,000원까지 700% 가까운 대시세를 보였다.

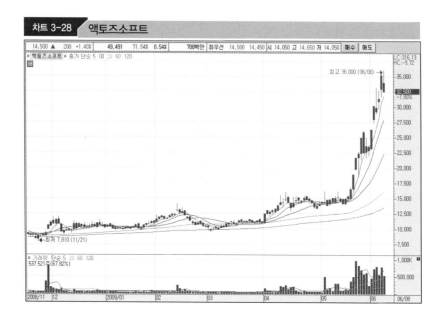

　　액토즈소프트는 온라인게임 개발 및 판매업체로서 게임주들의 실적호

전으로 인한 대시세에 합세했던 종목이다. 미르의 전설 2와 라테일 등의

주력 게임이 중국을 비롯한 해외 시장에서 인기몰이를 하면서 매출이 급

성장하였다. 차트의 맨 오른쪽 부분에서 보듯이 2009년 5월부터 6월에 걸

쳐서는 20일도 안 되는 기간 동안 주가가 2배 넘게 뛰는 강한 상승탄력을

보였다.

PC용 주요 부품 및 기기(사운드카드, 스피커, VGA카드), 서버 등 네트워크 IT장비를 주력으로 하는 기업이다. 세계 정상급 업체들과 첨단 기술을 개발하기 위해 제휴하고 있으며 마케팅에도 치중하고 있다. 메인보드 소매 부분은 전 세계 30~40% 시장 점유율을 차지한다.

• 관련주 : 제이엠아이, 피씨디렉트, 유니텍전자

① 기본적 조건을 갖췄는가?

　① PER : 9.36

　② PBR : 0.27

　③ 유보율 : 472%

② 덩치가 너무 크거나 작지는 않은가?

　① 시가총액 : 133억

　② 자본금 : 95억

　③ 유통주식 수(주식 분포 및 대주주 지분)

　– 전체 발행주식 수 : 19,102,432주

　– 최대주주를 포함한 특수관계인 지분 : 10,239,411주(53.77%)

　– 유통주식 수 : 8,863,021주

③ 전자공시의 특이사항은 없는가?

그림 3-17 **공시(제품소개 및 시장 점유율)**

2) 시장점유율 및 업계 특성

가) 컴퓨터 기기

① 메인보드
국내 PC 총 판매량 중 삼성, 삼보 및 외산브랜드 등 대기업 PC제조업체(OEM/SI)를 제외한 나머지(30%) 수준을 PC 조립시장으로 보며, 이에 PC조립시장 내 메인보드 시장 규모는 현재 약 140~160만대 수준으로 예측된다.

당사는 전세계 메인보드 시장(Retail only)의 30~40% 시장 점유율을 가지고 있는 대만 기가바이트(GIGABTYE TECHNOLOGY CO., LTD)사의 메인보드를 1998년부터 현재까지 독점 유통 계약을 기반으로 국내 유통하고 있으며, 2004년 30만 여대, 2005년 40만 여대, 2006년 45만 여대를 판매하였으며, 2007년에는 약 64만 여대 판매고를 올려 괄목할 만한 매출 신장세를 기록 중에 있다.

② 그래픽카드
그래픽카드는 신개념의 PC운영체제 Winodws Vista의 정식출시를 기반으로 Micro soft사의 DirectX 10.0을 정식 지원하는 중-고급형 제품군의 수요가 늘어나는 추세이다. 특히, 일반적인 보급형 그래픽카드 시장은 메인보드 내장 그래픽으로 대체되고 있으나 고성능 그래픽사양을 요구하는 3D온라인 게임들이 속속들이 출시되고 있고 HD-DVD & Blue-Ray 와 같은 차세대 HD기술지원이 화두가 되면서 그래픽카드 시장의 전체 마켓 사이즈는 유지되면서 중 고급형 중심의 시장으로 본격적으로 접어들고 있다.
당사는 업계 최고의 브랜드인 기가바이트사의 국내 독점공급원으로서 Vista의 성능지표, WEI(Windows Experience Index)그래픽 스코어 차트에 최상위 모델로 평가된 기가바이트 그래픽카드를 주력제품으로 유통하고 있다. 2002년부터 시작한 기가바이트 그래픽카드 유통사업은 2008년 최대실적을 달성 한데 이어 2009년에도 높은 성장세를 보여줄 것으로 기대되고 있다.
AMD는 업계최초의 Native Quad-Core CPU의 앞선 개발 및 출시와 더불어 AMD만의 Triple-Core CPU를 출시함으로써 사용자들의 Multi-Core CPU 구입에 있어 용도에 맞는 다양한 선택을 가능케 하였다. 또한 다양한 Multimedia 환경을 충족시키기 위한 PC 자체의 전력소비가 중요시 되고 있는 요즘 2009년 상반기45nm 공정을 적용한 신제품 군의 출시로 경쟁사 대비 한층 더 효율적인 전력 관리 기술과 함께 최적화된 64bit 기술을 가진 AMD CPU가 소비자들에게 더욱 호응을 얻고 있으며 이는 앞으로 AMD CPU가 대중에게 사랑 받는 "고성능 저전력 CPU"로서 업계 1위의 목표를 달성하는데 대한 비전을 보여주고 있다.

　　사업의 내용을 통해 주력 업종 및 제품 소개와 시장 점유율을 확인하면 메인보드, 그래픽카드 CPU 등 PC 핵심부품을 취급한다는 점에서 새로운 테마의 최대 수혜주라는 점을 알 수 있다.

④ 시세의 재료는 무엇인가?

① 새로운 OS 체계인 윈도우7 출시 예정 : 윈도우7은 당초 2010년 상반기를 목표로 하였지만 2009년 하반기에 출시될 것이라는 전망이 제시되며 관심을 끌었다. 이전 비스타의 단점을 승화시킨 기술력으로 시장 파급력이 클 것이라는 기대가 많다.

② 스타크래프트 2 출시 예정 : 블리자드에서 베타버전으로 테스트 중이며 정식 버전 출시가 임박했다는 소식이 전해졌다. 이 게임이 출시되면 고사양 컴퓨터에 대한 수요가 증가할 것이므로 PC산업에 촉매제 역할을 할 것이다.

⑤ 뉴스와 애널리스트 반응은 어떠한가?

① 한화증권 보고서(발췌)

– 윈도우7 출시와 관련 AMD CPU의 국내 총판으로서 매출 증대 기대

– 윈도우7을 사용하기 위해 인텔 CPU 대신 AMD CPU로 교체하고자 하는 수요자가 증가할 것

② 대신증권 보고서(발췌)

– CPU와 DRAM을 유통하는 제이씨현이 윈도우7 출시에 따른 컴퓨터 판매 증가로 수혜를 입을 것으로 전망

– 넷북 판매 호조, PC 수요 회복이라는 긍정적인 시장 환경 속에서 본격적인 마케팅을 펼칠 것으로 예상

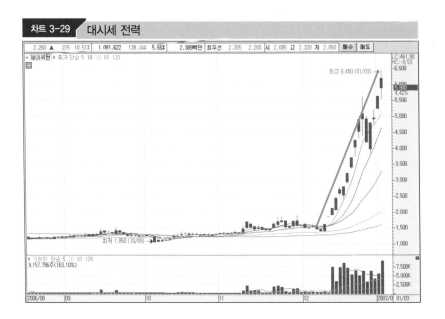

독자들은 이 종목의 월봉을 한번 참고해보기 바란다. 1997년 상장하여 2000년 IT붐에 편승한 이후 주가는 수년 동안 어림수 1,000원의 저항을 받고 있었다. 2003년 535원이라는 최저점을 기록한 후 2005년 상승기에 상향 움직임을 보이다가 2006년에 이르러 12월 한 달 동안 4배 상승이라는 대시세를 분출한 경력이 있다.

차트 3-30   매집의 흔적

차트에 표시한 바와 같이 2008년 7월 말부터 8월 초, 2009년 1월 중순
과 3월 중순 등 매집 흔적의 초석이 되는 대량의 거래량, 패턴상 기린형이
출현하였다.

⑧ 기술적 조건은 어떠한가?

저점에서 전형적인 쌍바닥 패턴인 W형을 완성한 후 3월 초 제반 이동 평균선의 수렴을 기다려 120일선을 돌파한 뒤부터 주가는 본격 시세를 준다. 대시세 직전 연중 최저점인 630원까지 크게 하락한 후 이중바닥을 형성하였다는 점을 주목해야 한다. 거래량 측면을 보자면 이 기간 동안 폴대형이 주기적으로 출현하였으며, 상승추세로 전환된 이후에도 징검다리형의 거래량 패턴이 등장하여 막바지까지 추가 매집을 진행하고 있다.

매수 급소는 투자성향에 따라 2가지로 포착할 수 있다.

첫번째 안정성을 중시하는 투자자라면 단기 골든크로스 기법을 활용한다. 2008년 10월 28일 연중 최저점인 630원을 기록한 이후 상승하다 20일선에 부딪혀 반락하지만 전저점에 이르지 않고 다시 상향으로 돌아섰다. 이 지점에서 쌍바닥이 완성되며 20일선에 붙어 저점을 높여간다. 이후 최초로 장기선까지 돌파했지만 전고점 경계매물로 조정을 받는데 이전 하락추세에서 지지영역이 되었던 1,000원선에서 눌림목을 형성한다. 제반 이동평균선이 밀집되어 있는 3월 초의 이 구간은 주시해야 할 구간이며 모든 이동평균선을 상향 돌파하는 장대양봉이 등장하는데 특히 전저점 훼손 없이 단기 골든크로스가 네 번째 발생하는 곳이다(네모로 표시한 부분).

두 번째 확인매매 또는 상승탄력을 위한 투자자라면 3월 23일 전고점을 강하게 돌파하는 장대양봉 출현 시점에 매수한다. 전일과 전전일 상승 캔들 패턴인 역팽이형이 출현하여 상승을 암시하고 당일 전고점마저 양봉으로 강하게 돌파했으므로 강력한 매수 급소가 된다.

제이씨현은 이후 윈도우7과 스타크래프트2가 5월 베타서비스를 할 것이라는 재료로 강한 상승탄력을 보이며 한 달여 만에 400% 가까이 올랐다. 3,880원의 1차 고점을 형성한 이후 자연스러운 기간조정을 통해 상승에너지를 추가적으로 확보하며 주가는 5,710원까지 2차 상승세를 펼쳤다.

차트 3-32   제이엠아이

제이엠아이는 마이크로소프트사의 국내 AR(공식 복제 생산)업체로서 윈도우7 테마의 가장 큰 수혜주라 불리는 종목이다. 2009년 3월 이동평균선이 정배열되는 때를 기점으로 하여 7개월 만에 4배가 훨씬 넘는 시세를 보여줬다.

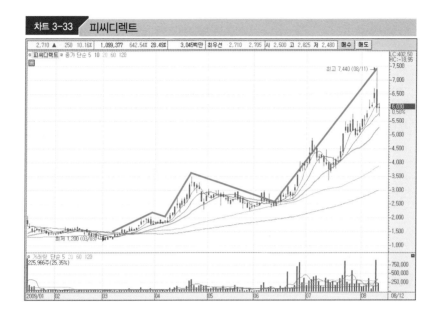

차트 3-33 　피씨디렉트

피씨디렉트는 컴퓨터 하드웨어 및 소프트웨어의 제조, 조립, 판매, 서
비스업을 영위하는 업체이다. 윈도우7이 발매될 시에는 컴퓨터 부품주로
서 수혜를 입을 것이라는 시장의 기대감 속에 관련 테마주에 편입되었다.
2009년 3월 120일선을 돌파하는 때를 기점으로 재료 노출 시까지 주가가
5배가 넘는 강세를 보였다.

비주기적 테마-아몰레드(AMOLED) : **덕산하이메탈**

덕산하이메탈은 솔더볼(반도체 후공정 재료) 시장 국내 점유율 1위 기업이다. 삼성모바일디스플레이^{SMD}에 아몰레드 주요 재료 중 3가지를 공급하고 있으며 금액 기준으로 국내 재료업체 중 1위(시장 점유율 2008년 17.2%)를 기록하고 있다.

• 관련주 : 삼성SDI, 크로바하이텍, 엘디티

① 기본적 조건을 갖췄는가?

① PER : − (당기순손실)

② PBR : 0.44

③ 유보율 : : 1,029%

② 덩치가 너무 크거나 작지는 않은가?

① 시가총액 : 292억

② 자본금 : 38억

③ 유통주식 수(주식 분포 및 대주주 지분)

− 전체 발행주식 수 : 19,468,607주

− 최대주주를 포함한 특수관계인 지분 : 11,309,584주(58.09%)

− 유통주식 수 : 8,159,023주

③ 전자공시의 특이사항은 없는가?

연구개발비를 매출액 대비 3% 이상 책정하고 있으며 비율을 해마다 높이고 있는 점이 눈에 띈다. 액수로 보면 8억 5,000만 원이다.

| 그림 3-18 | 공시(연구개발 활동) |

(2) 연구개발비용

(단위 : 천원)

과 목		제10기	제9기	제8기	비 고
원 재 료 비		-	-	-	-
인 건 비		363,572	434,723	333,813	-
감 가 상 각 비		-	-	-	-
위 탁 용 역 비		67,181	43,318	35,580	-
기 타		427,187	167,834	133,499	-
연구개발비용 계		857,940	645,875	502,892	-
회계처리	판매비와 관리비	-	-	-	-
	제조경비	857,940	645,875	502,892	-
	개발비(무형자산)	-	-	-	-
연구개발비 / 매출액 비율 [연구개발비용계÷당기매출액×100]		3.78%	3.54 %	2.77 %	-

④ 시세의 재료는 무엇인가?

- M&A 통한 성장성 확보 : 2008년 7월 15일 경쟁입찰을 통해 고순도 정제장치AMOLED 제조업체 루디스의 주식 50만 주(83.3%)를 211억에 인수했다고 공시했다. 기존 주력사업인 솔더볼로는 반도체 산업의 불황이 길어진다면 실적에 부담을 받을 수 있다. 그러나 이번 M&A

를 통해 성장성이 뛰어난 AMOLED사업에 진출할 수 있는 발판을 마련했다.

⑤ 뉴스와 애널리스트 반응은 어떠한가?

① 대신증권 보고서(발췌)

- 향후 수익성 개선에 긍정적이라고 평가 : 루디스 인수로 사업다각화 및 성장성 확보

- 자회사 루디스의 성장성에 주목 : 삼성SDI 내 점유율이 경쟁업체인 LG화학과 그라쎌을 제치고 급격히 상승하는 중

- 자회사 가치는 주가에 아직 반영되지 않았다고 분석

② 신영증권 보고서(발췌)

- 아몰레드 시장 성장의 진정한 수혜주가 될 것

- 삼성 아몰레드폰 출시와 아몰레드 시장 성장 기대감으로 연초 대비 주가가 400% 급등했지만 향후 성장성을 고려할 때 장기적 투자 유효하다고 평가

③ 현대증권 보고서(발췌)

- 반도체 시장 중심의 기존 시장에서 디스플레이로 대응 영역을 확대했다고 평가

- 삼성전자와 삼성SDI의 OLED 합작법인이 진행되고 있어 시장 형성이 빨라질 것

⑥ 끼가 있는 종목인가?

차트 3-34 대시세 전력

2007년 5월경 12,000원대에 있던 주가가 한 달여 만에 17,000원대까지 급상승했다. 연평균 30%의 영업이익률이 지속될 것이라는 성장 잠재력이 부각되면서 탄력적인 시세를 보여준 것이다.

⑦ 주인이 있는가?

차트 3-35 매집의 흔적

차트에 표시된 것처럼 2008년 3월 말과 5월 초, 12월 중순, 2009년 1월 중순경 등 주기적으로 대량 거래가 터지면서 선도세력들의 선매집 흔적이 보이고 있다. 2008년 8월 말경에는 그간 횡보 가격대를 하향 이탈하면서 개인 투자자의 물량을 확보하기 위한 움직임이 있었음을 짐작할 수 있다.

특수관계사인 (주)덕산산업이 2008년 12월 2일 제1회 신주인수권증권 warrant을 양수하고 2009년 3월 5일 장외거래를 통해 3,092,500주를 취득함으로써 총 3,919,517주(20.13%)를 확보하였다. 이에 따라 경영권 안정과 향후 기업의 성장성에 대한 확신이라는 두 가지 효과를 얻을 수 있었다.

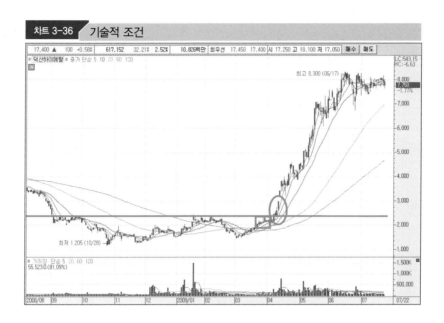

차트 3-36　기술적 조건

2008년 10월부터 2009년 3월까지 바닥권에서 주가가 횡보하면서 상승을 위한 에너지를 충분히 모은다. 또한 12월 초부터 이전 거래량의 10배를 상회하는 대량 거래가 일어나 본격적인 상승에 앞서 힘을 모았음을 보여준다. 이 기간 (주)덕산산업이 20%의 지분을 확보하면서 유통주식 수가 현저하게 줄어들면서 상승탄력을 가속화한다.

본격적인 매수 구간은 투자성향에 따라 2가지로 잡을 수 있다.

첫 번째 안정성을 중시하는 투자자라면 5일선과 20일선의 골든크로스가 3번째 발생하는 네모 부분, 즉 3월 중순경부터 수급선인 60일선을 손절선으로 책정하고 3분할 관점으로 매수한다.

두 번째 확인매매 또는 상승탄력을 원하는 투자자는 인사이드 기법을 활용하여 매수 포인트를 잡을 수 있다. 수평으로 그은 선 위에 원으로 표시된 구간은 인사이드 기법 A형 패턴으로 적극적으로 매수에 가담할 수 있는 곳이다.

덕산하이메탈은 4월부터 기관 투자자들의 매수세가 유입되면서 2,000원 초반대에 머물던 주가가 3개월여 만에 8,000원대 초반까지 급등하며 400% 가까운 상승세를 보였다. 1차 상승 이후 2개월 동안 숨고르기에 들어가는 사이 삼성전자 아몰레드폰의 판매량이 본격적으로 증가했다는 소식이 시장에 전달되었다. 그 결과 삼성SDI에 납품하는 동사에 대해 증권사들이 AMOLED 성장 수혜주로 지목하면서 2차 대시세를 통해 2만 원을 돌파하였다.

차트 3-37 삼성SDI

삼성SDI는 디스플레이 부분과 2차전지 중심의 사업을 영위하는 기업으로 2차전지와 아몰레드 시장 확대에 따른 수혜를 입을 것으로 기대된다. 기관 보유 수량이 꾸준히 증가하던 중에 정배열 초기 시점인 2009년 3월 이후부터는 외국인들의 본격적인 매수세까지 합세하였다. 또한 정부의 2차전지사업에 대한 정책발표 등의 호재가 잇따르면서 7개월 동안 3배가 넘는, 대형주로서는 보기 드문 큰 시세를 분출했다.

차트 3-38 크로바하이텍

크로바하이텍은 반도체 및 전자부품 제조업체로서 시장에서 아몰레드 관련주로 부각된 종목이다. 2009년 4월 28일 한국부품소재산업진흥원이 주관하는 국책과제인 '차세대 디지털 가전용 파워모듈'의 신뢰성 확보 수행업체로 선정되면서 또 한 번 주목을 받았으며 연초 저점 대비 9개월간 5배가 넘는 대시세를 보여주었다.

태양광, 중소형 농기계와 농업용 방역소독 관련 제품 등의 생물환경 기계분야의 사업을 영위하는 기업이다. 스킨케어와 헤어케어, 손 세정제 등 친환경 유기농 생활제품을 생산한다는 점이 부각되어 신종 플루 테마의 주도주가 되었다.

• 관련주 : 중앙백신, 녹십자, VGX인터

① **기본적 조건을 갖췄는가?**

① PER : 17

② PBR : 0.71

③ 유보율 : 116%

② **덩치가 너무 크거나 작지는 않은가?**

① 시가총액 : 113억

② 자본금 : 75억

③ 유통주식 수(주식 분포 및 대주주 지분)

– 전체 발행주식 수 : 15,153,644주

– 최대주주를 포함한 특수관계인 지분 : 1,786,898주(11.79%)

– 크레디트 스위스 그룹 지분 : 1,758,345주(10.41%)

– 유통주식 수 : 11,608,401주

③ 전자공시의 특이사항은 없는가?

그림 3-19 **공시(주요 제품)**

2. 주요 제품 및 원재료 등
가. 주요 제품 등의 현황

(단위 : 천원,%)

사업부문	매출유형	품목	구체적용도	주요상표등	매출액(비율)
	제품	무인방제기	특징 : 정전하대전 시스템 채용, 일반전력사용,자동화 기능 : 정전기 현상을 이용한 약제살포,분체도장 주요용도 : ①농업용 무인방제 ②고난이도의 분체 도장 ③살균소독 ④수확물운반	야호	1,397,000 (3.76)
	제품	스프레이시스템 (습도,온도조절,방제)	농업용 약제살포, 가습 및 분무냉방 저장고,식품 등 정밀한 액체의 분사 및 분무가 필요한 곳 안개분사가 필요한 건물 인테리어,관광지,이벤트 사업 등	퍼즐	187,000 (0.51)
	제품	소독기자동길	차량 탑재 및 도로에 설치하여 공중 방역 분사가광범위하여 완벽한 방역소독(25~30m) 과수,포도원,화훼단지 방제 구제역 및 콜레라 예방을 위한 방역 소독	ULV소독기 CSS소독기 MSS소독기 자동길방제기	1,244,000 (3.35)
	제품	운반차	특징 : 짐칸3면 개폐방식으로 적재와내림이용이 크로라타입으로 균형이종고습지의이동사용이 트랜스미션사용으로전진,후진등의속도조절가능 2중 안전장치에 의한 브레이크 시스템 용도 : 습지이동,과수원,비닐하우스,해변,작업장등운반차	농업용 동력 운반차	1,104,000 (2.97)
	제품	병해충방제기	나방,모기,날벌레등 각종 해충퇴치	유아등 파리팡	477,000 (1.28)
	제품	분무기기타	고강도 세라믹 노즐 및 정전하 대전 전자노즐로 현재 무인 방제기 및 포그방제기에 포함됨. 원거리스프레이건, 설비부품 등	벌레팡 세라믹노즐	716,205 (1.93)
생활환경사업(상품)	상품	플루데이 플루, 기타	플루데이(천연살균탈취제),플루(손청결보습제),플루스크럽 (각질제거제),플루티슈,세탁조크리너,바디워시,포밍숍, 기타 연막기등	플루스크럽, 플루티슈,세 탁조크리너, 바디워시	1,464,554 (3.94)
	합 계		–	–	37,135,759 (100.00)

국가적인 재난을 넘어 전 세계적인 재난의 상황으로 몰아가는 신종 플루의 파급력이 주식시장에서도 반영되고 있다. 공시 중 주요 제품 상황을 보면 방역 부분의 다양한 상품을 생산하고 있음을 알 수 있다. 그중 신종 플루 여파로 생활환경 상품인 손청결 보습제 '플루'가 불티나게 팔리면서 플루 테마 주도주로 부각되었다.

④ 시세의 재료는 무엇인가?

① 신종 플루가 급속도로 확산되면서 손세정제 매출 급증

– 신종 플루 첫 사망자가 발생한 이래 1주일 만에 매출이 55% 이상 증가

– 신종 플루 손세정제 업체로서는 사상 최대의 매출액 기록

② 실적개선 : 1분기에 4,800만 원의 순이익을 기록, 흑자전환 성공

⑤ 뉴스와 애널리스트 반응은 어떠한가?

① 파루, 국내 최대 할인점 신세계 이마트 입성에 성공 : 경영실적에 '부담'을 주던 생활용품사업이 '효자사업'으로 변신하는 계기가 될 전망

② 이마트 진출로 생활용품사업이 매출 증대에 기여할 것으로 기대

③ 손세정제 특허를 취득하는 등 생활용품사업 적극 추진

⑥ 끼가 있는 종목인가?

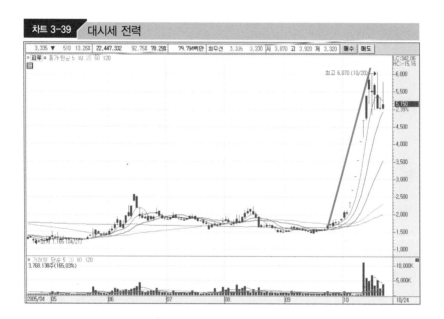

2005년 9월경 700원 후반대에 머물던 주가가 조류독감 수혜주로 부각 되면서 한 달여 만에 2,845원까지 쉬지 않고 급등하며 대시세 종목으로 입증된 바 있다.

7 주인이 있는가?

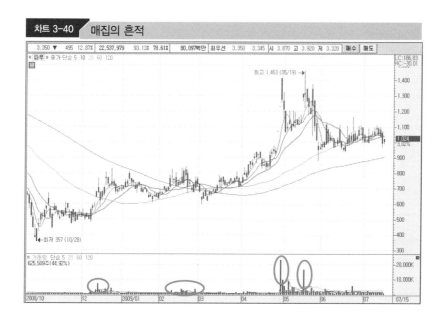

차트 3-40 매집의 흔적

2008년 12월 중순, 2월 중순과 말경에 주가가 박스권 흐름을 보이는 가운데 거래량이 주기적으로 증가함으로써 선매집의 흔적이 포착된다. 4월에 돌발적인 호재가 나오면서 한차례 급등하였으나 4월 말부터 이어진 주가 하락 구간에 거래량이 급증하면서 활발한 손바뀜이 일어났으리라 짐작할 수 있다.

또한 최대주주가 2008년 4월 10일과 6월 5일 신주인수권증권을 장외매수를 통해 취득함으로써 신주인수권부사채 행사 시에 나올 수 있는 물량 부담을 덜었다.

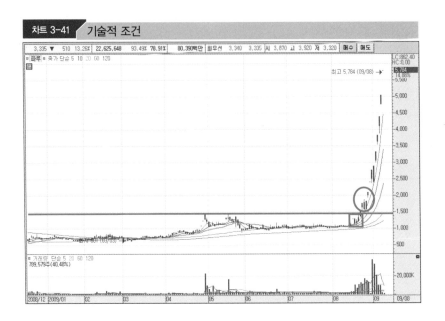

신종 플루로 인한 사망자가 나오면서 수혜주로 부각되며 단기 급상승하는 구간이 있었다. 하지만 1차 시세 후 주가는 원래 가격 수준으로 되돌아와 오랜 기간 횡보하는 모습을 보였다. 이 기간 동안 개인 투자자들의 실망 매물이 출회되었으리라는 점을 짐작할 수 있다.

본격적인 매수 구간은 투자성향에 따라 2가지로 파악할 수 있다.

첫 번째는 중장기 투자자로서 초기 상승 시점을 공략하기 위해서는 플랫폼 패턴 완성 시점에 진입하는 방법이다. 횡보를 하는 동안 특정 가격대를 이탈하지 않았으며 플랫폼은 누군가의 매집과 함께 이후 시세를 준비하고 있음을 명확하게 드러내주는 패턴이기 때문이다.

두 번째 확인매매 또는 상승탄력을 위한 투자자라면 인사이드 기법을 활용하여 매수 포인트를 잡는다. 수평으로 그은 선 위에 원으로 표시한 곳이 바로 인사이드 기법 A형 패턴과 유사한 지점이다. 이 구간에서는 적극적으로 매수해야 한다.

파루는 최대주주의 신주인수권부증권 인수로 경영권이 안정됨과 동시에 시장의 물량 부담감을 한꺼번에 걷어내는 효과를 가져왔다. 이후 신종플루 감염 내국인 환자의 사망 소식에 손세정제의 판매 호조가 어우러져 단기간 500% 이상의 놀라운 시세가 분출됐다.

● 주변 종목 흐름

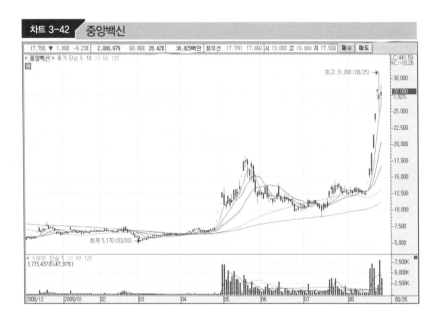

차트 3-42 중앙백신

중앙백신은 동물용 백신 및 치료제 전문업체로서 과거 조류독감의 수혜주로 부각된 바 있다. 2009년 상반기 신종 플루가 돌발적으로 발병하면서 초창기 시장에서는 백신주로서 대장주의 흐름을 보이며 뜨거운 관심을 받았다. 이후 세계보건기구에서 플루 등급을 격상하고 국내에서 사망자가 발생하면서 2009년 하반기 주식시장을 플루 테마가 석권하다시피 하였다. 중앙백신은 이전 횡보기간 중의 상단 7,500원에서 출발하여 4개월 만에 31,000원대를 찍는 대시세를 보여줬다.

차트 3-43 | VGX인터

VGX인터는 제약 및 패브릭 전문기업으로서 신종 플루 백신 개발 성과
와 함께 테마 수혜주로 부각되었다. 주가 움직임은 대체로 먼저 일어났으
나 시세폭은 확실히 선도주에 미치지 못했다. 1차적으로 1,200원대에서
4,600원까지 400%에 가까운 시세 분출 과정이 있었으며, 2,000원대까지
깊은 가격조정을 받고 재시세에 진입하여 고점 4,930원을 기록했다. 바로
앞에 살펴본 중앙백신과 파루의 차트를 보면서 주가 흐름을 비교해보기
바란다.

5 기타 개별주
- 유연한 대응이 필요하다

지금까지 다양한 방법을 통해 대시세 종목을 발굴하는 방법을 배웠다. 하지만 위의 사례를 통해서만 대시세가 탄생하는 것은 아니다. 그 외의 경우를 통틀어 기타 개별주라고 분류했는데 보다 성격을 명확히 하자면 '세력주' 라 불러도 무방하다.

앞서도 얘기했듯이 대시세 종목은 일정 부분 세력주와 중첩되는 성격을 보일 수밖에 없다. 통상적인 상승폭을 넘어서는 꿈의 시세를 위해서는 분명히 해당 종목에 중심 세력이 있어야 한다. 그 세력에 의해 주가가 관리되어야 에너지가 분산되지 않고 최고의 탄력을 보일 수 있다.

둘 사이에 확연히 구분되는 지점은 바로 기업의 가치를 보는가, 아닌가이다. 대시세 종목을 발굴함에 있어서 가장 먼저는 기업이 과연 기업으로서의 가치를 내재하고 있는가를 평가해야 한다. 아무리 펄펄 나는, 또는 금방 날아갈 것 같은 차트 패턴이 발견되어도 기업에 확신이 없다면 덮어야 한다. 그 하락 과정이 너무나 잔인하기 때문이다.

견실하게 사업을 영위하고 있고 성장하기 위해 꾸준히 연구개발비를 투여하는 기업이라면 현재 적자를 보이더라도 도리어 문제가 적다. 기대했던 시세에 미치지 못하고 하락하더라도 빠져나갈 기회를 충분히 준다는 의미다. 하지만 시장의 공감대 없이 매일 점상한가로 치고 오르는 종목이 있다면 주의하라. 한번 꺾이면 매도 기회가 주어지지 않을 것이다.

대신 기타 개별주 중에서 기업 도산이나 상장 폐지의 위험, 그러니까 최악의 경우가 예상되지 않는 경우라면 소액으로 매매해보는 경험도 필요하다. 수익을 내든 손실을 보든 어떤 쪽으로도 배우는 것이 분명 있을 것이다. 다시 한 번 당부하지만 세력주를 매매할 경우에는 전부 잃는다는 각오를 먼저 하기 바란다. 때문에 치명상을 입을 정도의 자금은 투입하지 않아야 한다.

세력주는 자금력을 보유하고 있는 개인이나 기관, 외국인, 기타 단체들에 의해 시장 원리로는 설명할 수 없는 주가 움직임을 보이는 주식을 말한다. 세력주는 다음과 같은 특징으로 확인된다.

① 초기에 예상 외의 상승폭으로 강력한 단기 급등이 일어난다.

이 같은 상승세에 의해 통상 저항선으로 여겨지는 20일선, 60일선을 가볍게 돌파한다. 특히 초기 상승 과정에서 일간 차트상 장대양봉이 연속하여 발생한다. 즉, 일중 저가 근처에서 개장하여 일중 고가 근방에서 마감한다. 이와 같은 일봉이 연속하여 발생했다는 것은 집중 매수 세력이 있다는 뜻이다.

② 사상 유례없는 거래가 형성된다.

대체로 과거 6개월 동안 볼 수 없었던 대량 거래가 초기에 형성된다. 거래 내용이 자연스러운 매매이든 대규모 물량이든 상관이 없다. 이 경우는 기관이 역으로 이용할 수도 있는데 기관들 간에 대규모 물량 분배 과정이 끝났다는 말이다. 이렇게 함으로써 주가 상승 기간에 만나게 될 매물을 미리 소화하여 급등의 필수조건 한 가지를 갖추는 것이다.

③ 대량 매물로 인한 조정은 짧다.

주가가 급등하여 고점을 형성했을 때 대량 거래와 함께 장대음봉이 나타나면 대기 중이던 매물이 쏟아지기 시작했다는 신호가 된다. 단기 고점에서 매수에 가담한 일반 투자자들의 불안이 증폭되는 시점이다. 대량 매물과 장대음봉 이후 주가가 곧바로 상승으로 방향을 돌려야 급등 요건을 갖추는 것이다. 대량 매물 후 이전 상승폭의 3분의 1 정도에서 조정이 끝나고 재상승을 시도한다면 양호하다고 볼 수 있다.

위의 조건에 부합하는 종목을 발견하면 2차 상승을 노려라. 급등 종목의 재료가 알려진 시점은 주가가 이미 상당폭 상승한 시점이다. 절대 추격 매수는 금하고 조정을 기다리는 인내가 필요하다. 사고 싶어도 꾹 참아야 한다. 상승폭의 3분의 1 지점에서 20일선과 60일선을 기준으로 지지되는지를 주시하고 재상승을 시도하면 매수해도 좋다.

교육용 어학교재 및 가습기사업과 홍보대행사업을 영위하는 기업으로서 어학 학습기 및 교재 부분의 매출 비중이 77%이고 홍보대행 부분이 19%에 달하며 안정적인 매출구조를 지니고 있다. 신규 사업으로 카자흐스탄에 글로벌 주택건설사업을 추진 중이며, 몽골 금광사업도 하반기부터 채광에 들어가기 시작하였다.

❶ 기본적 조건을 갖췄는가?

① PER : 지속적인 적자로 PER 산출 불가능

② PBR : 2.28

③ 유보율 : −43.4%

❷ 덩치가 너무 크거나 작지는 않은가?

① 시가총액 : 888억

② 자본금 : 623억

③ 유통주식 수(주식 분포 및 대주주 지분)

- 전체 발행주식 수 : 151,859,258주

- 최대주주를 포함한 특수관계인 지분 : 19,925,654주(20.39%)

- 유통주식 수 : 77,797,024주

③ 전자공시의 특이사항은 없는가?

① 몽골 금광사업 진출 : 새로운 성장 동력 확보

그림 3-20 **공시(자산양수도)**

Ⅰ. 자산 양수에 관한 기본사항

1. 자산 양수·도의 상대방과 배경
가. 자산양수도 하고자 하는 자산에 관한 사항
-몽골에 소재하고 있는 (유)랜드몽골리아의 지분 50%
2. 회사의 경영, 재무, 영업 등에 미치는 중요 영향 및 효과
(유)랜드몽골리아의 지분을 자산양수함으로써, 향후 생산과정에서의 자금 투입시기 및 규모 등을 면밀히 고려하여야 하나, 당사는 향후 5-7년간 보하트광구의 채굴 및 생산으로 인해 상당한 수익이 발생될 것으로 기대되고 있음.
(유)랜드몽골리아의 보하트 광구가 채광라이센스인 A라이센스(14929A)를 2009년 6월 몽골정부로부터 취득함으로써, 당사의 21기 회계년도(2009년 10월 1일-2010년 9월 30일)부터 당사에 순이익이 반영될 것으로 예상하고 있음.

당사는 (유)랜드몽골리아와의 자산양수를 기반으로 금광개발사업에 본격 착수하며, 향후 금광개발사업은 글로웍스의 주력사업 부문 중 하나가 될 것임.

Ⅱ. 자산양·수도에 관한 구체적인 사항

1. 자산양수가액		
양수대상자산	지분율	양수도금액
(유)랜드몽골리아 지분	50%	100억원

② 신규 사업에 대한 IR 개최 후 피터백앤파트너스가 신주인수권 행사를 통해서 12.99% 지분 보유

그림 3-21   공시(주식등의 대량보유상황보고서)

주식등의 대량보유상황보고서

(약식서식: 자본시장과 금융투자업에 관한 법률 시행령 제154조제3항 규정에 의한 보고)

금융위원회 귀중   보고의무발생일   :   2009.06.04

한국거래소 귀중   보고서작성기준일: 2009.06.04

                                    보고자   :   Peter Beck & Partner

요약정보			
발행회사명	(주)글로웍스	발행회사와의 관계	주주
보고구분	변동		
보유주식등의 수 및 보유비율		보유주식등의 수	보유비율
	직전 보고서	4,612,041	6.09
	이번 보고서	16,351,866	12.99
보고사유	BW 행사, 주식 매도		

④ 시세의 재료는 무엇인가?

① 카자흐스탄 주택사업 신규 진출 : 사업 개시 첫해의 예상 수주액 3,248억 원 예상

② 몽골 금광사업 진출 : 몽고에 총 16개소의 광산을 보유하고 있는 몽고 최대의 금광 관련 광산업체 랜드몽골리아와 양해각서 체결. 2009년 하반기에 정식 생산에 들어갈 예정. 향후 10년간 1조 원이 넘는

수익 창출 기대

③ 유동성 개선 : 발행주식의 10%가 넘는 957만 주 소각. 2009년 상장
   사의 워런트 소각 및 전환사채 상환 중 단연 최대 규모. 물량 부담
   해소를 통한 주주 보호 차원 결정

⑤ <u>뉴스와 애널리스트 반응은 어떠한가?</u>

① CEO 주가 : 기업 대표의 활발한 IR을 통해 기업 이미지 개선 및 성
   장성 부각

- 최기현 대표는 대표를 맡은 약 2개월여 동안 회사의 재무구조를 안정
   화시키고 잠재물량을 해소하는 것에 중점을 두고 노력해왔다. 이런
   노력들이 워런트 소각과 전환사채 상환 등을 통해 가시화된 것이다.
   해외 쪽 파트너들과 추진해오고 있는 신규 사업들이 조만간 눈에 보
   이는 성과를 낼 것으로 예상되고 있어, 좀 더 적극적인 기업 IR에 나
   설 것이라고 강조했다.

- 한 대표는 "가능한 한 사업을 빨리 안착시키고, 매출과 수익을 발생
   시켜 주주들이 만족할 만한 결과를 만들어내는 게 중요하다"며 "지난
   해 12월 정기주총 자리에서 올해 분명히 다른 모습을 보여주겠다고
   한 약속을 지키기 위해 노력할 것"이라고 말했다.

② 성장성에 대한 신뢰도 형성 : 사업다각화로 흑자전환 및 장기적 성
   장 계획 부각

– 2009년 150억 원의 매출액을 목표로 하고 있다. 영업권을 양도한 음
원 퍼블리싱 관련 매출 100억 원을 제외한 수치다. 중점 사업계획인
관리형 유학사업과 컨설팅을 통해서는 30억 원에서 40억 원 내외의
매출을 예상하고 있다.

⑥ 끼가 있는 종목인가?

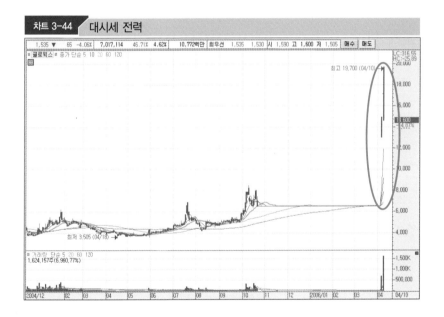

2006년 3월경 6,500원대에 있던 주가가 전신인 벅스인터랙티브의 우회
상장으로 300%가 넘는 19,700원까지 급등하면서 매우 탄력적인 시세를
보인 바 있다.

차트 3-45　매집의 흔적

　　2008년 1월부터 대략 1개월 간격으로 대량 거래가 일어나고 있으며 5월에는 이례적인 대량 거래가 터지면서 본격적인 매집 패턴을 보인다. 차트 밖의 구간인 10월에는 대규모 전환사채를 만기 전 취득해 소각함으로써 유동성이 개선되었다는 점에 고무되어 단기 상승이 일어났다.

⑧ 기술적 조건은 어떠한가?

차트 3-46 기술적 조건

2009년 3월의 예비상승 후 이동평균선에 의지하여 조정을 받다가 5월 말부터 6월 초 저점이 낮아지는 이탈이 발생한다. 이때 거래량이 급격히 줄었다는 점을 주목하라. 이후 장기와 중기 이동평균선을 한꺼번에 관통하는 장대양봉이 등장한 후 갭상승으로 모든 이동평균선을 돌파했다. 중요한 것은 그다음 날이다. 갭상승한 주가는 전일의 저가까지 깨고 내려가며 첫 번째 갭을 메우려는 듯이 보인다. 전일 캔들의 힘을 보고 매수에 가담했던 투자자들이 공포에 사로잡히게 되는 주가 흐름이다. 전고점의 저항이 막강하다고 생각한 매수자들은 서둘러 물량을 내놓았을 것이다. 이렇게 대량 거래를 통해 물량을 흡수한 이 종목은 고점 2,690원까지 3개월 만에 5배나 뛰었다.

급등 직전 글로웍스는 500~700원의 박스권을 형성했는데 매수 급소는 투자성향에 따라서 2가지로 볼 수 있다.

첫 번째 안정성을 중시하는 투자자라면 이동평균선의 골든크로스 매매 기법을 활용해서 대응하면 된다. 저점을 기록한 이후 단기 골든크로스인 5일선과 20일선 교차가 3번째 발생한 시점(원으로 표시)이 매수 급소다. 이때는 20일선을 손절라인으로 설정하고 진입한다. 이것은 전형적인 박스권 횡보장세에서 매매할 수 있는 기법으로서 안정성을 고려한 매매 기법 중 하나다.

두 번째 확인매매 또는 상승탄력을 위한 투자자라면 대량의 거래량으로 전고점을 돌파하는 시점을 매수 급소로 잡는다. 인사이드 기법 상승탄력형과 매우 유사한 패턴을 형성한 후 2차 랠리가 이어진다.

글로웍스는 이후 몽골금광사업과 관련된 호재가 꾸준히 발생하고 국제 유가 상승에 따른 자원개발 테마의 수혜주로 부각되는 등 복합적인 테마에 편입되면서 1,500원대까지 1차 급등한다. 이후 단기 가격조정을 받았지만 지분을 보유한 네오위즈벅스의 상장 예심 통과, 몽골 사금광 추가 확보 등의 호재로 2차 랠리를 펼치면서 주가는 3,000원 근처까지 급반등하였다.

연성인쇄회로기판^{FPCB} 전문 제조기업이다. FPCB는 전자제품의 소형, 경량화에 따라 적용 제품군이 확대되고 모바일폰, MP3 플레이어, 캠코더, 정보통신기기, 액정디스플레이 장치 등의 생산이 증가함에 따라 수요가 늘어나고 있다. 뉴프렉스는 충분한 생산능력을 갖추기 위해 신공장으로의 이전 및 생산 시설 확충을 추진 중이다. LG전자, LG이노텍, 레인콤, 대성전기, 이라이콤 등의 회사들을 주요 거래처로 하여 안정된 영업기반을 갖추고 있다.

❶ 기본적 조건을 갖췄는가?

　① PER : 5.41

　② PBR : 0.27

　③ 유보율 : 564.2%

❷ 덩치가 너무 크거나 작지는 않은가?

　① 시가총액 : 236억

　② 자본금 : 59억

　③ 유통주식 수(주식 분포 및 대주주 지분)

　– 전체 발행주식 수 : 11,847,158주

- 최대주주를 포함한 특수관계인 지분 : 4,167,908주(38.98%)

- 유통주식 수 : 7,679,250주

③ 전자공시의 특이사항은 없는가?

① 실적개선 : 매출액 · 영업손익 등 영업실적 증가

| 그림 3-22 | 공정공시(매출액 · 영업손익 등 영업실적) |

1. 요약재무정보

(단위 : 천원)

구 분	제 10 기 반기	제 09 기	제 08 기	제 07 기	제 06 기
[유동자산]	31,438,104	25,924,837	24,349,498	23,164,388	16,969,449
· 당좌자산	16,796,423	11,312,815	8,114,834	14,634,422	10,934,928
· 재고자산	14,641,681	14,612,021	16,234,664	8,529,966	6,034,521
[비유동자산]	39,320,287	40,713,848	26,137,751	23,025,679	23,706,033
· 투자자산	861,789	1,489,353	2,029,147	921,432	2,095,130
· 유형자산	37,769,977	38,469,376	22,934,645	20,926,408	21,344,942
· 무형자산	358,481	338,906	351,417	398,472	265,961
· 기타비유동자산	330,038	416,211	822,542	779,367	–
자산총계	70,758,392	66,638,685	50,487,249	46,190,067	40,675,482
[유동부채]	19,921,220	15,971,320	11,361,746	6,393,250	6,371,296
[비유동부채]	11,994,197	12,845,005	11,651,499	12,906,578	16,775,529
부채총계	31,915,418	28,816,326	23,013,245	19,299,828	23,146,825
[자본금]	5,923,579	5,923,579	5,923,579	3,000,000	2,395,000
[자본잉여금]	12,169,113	12,169,113	12,169,113	14,824,332	7,145,484
[자본조정]	-1,163,639	-1,204,442	-1,287,295	25,845	32,303
[기타포괄손익누계액]	13,388,245	13,358,275	71,427	–	–
[이익잉여금]	8,525,675	7,575,833	10,597,180	9,040,063	7,955,870
자본총계	38,842,973	37,822,358	27,474,004	26,890,239	17,528,657
매출액	32,260,339	63,998,168	53,968,365	34,590,378	44,816,049
영업이익	1,626,262	498,606	2,040,215	1,322,258	5,932,851
계속사업이익	932,076	-3,725,922	1,562,522	1,554,305	5,075,171
당기순이익	949,841	-3,021,346	1,557,118	1,084,192	4,138,603
* 주당순이익	80	-255	134	91	689
* 희석주당이익	80	-255	134	91	689

공시에 의하면 반기 영업이익이 16억 원으로 전년 동기 대비 큰 폭 증가세를 보였다. 매출액 역시 322억 원으로 이 추세면 전년 대비 늘어날 전망이다. 제9기의 실적이 전반적으로 침체를 보였으나 전의 수치들을 보면 일정 수준은 유지해왔으며 일시적 상황일 것으로 추정할 수 있다.

② 유동성 확보 : 무상증자 결정

그림 3-23 **공시(무상증자)**

무상증자 결정

1. 신주의 종류와 수	보통주 (주)	5,787,158
	우선주 (주)	–
2. 1주당 액면가액 (원)		500
3. 증자전 발행주식총수	보통주 (주)	6,060,000
	우선주 (주)	–
4. 신주배정기준일		2007년 12월 03일
5. 1주당 신주배정 주식수	보통주 (주)	1
	우선주 (주)	–
6. 신주의 배당기산일		2007년 01월 01일
7. 신주권교부예정일		2007년 12월 20일
8. 신주의 상장 예정일		2007년 12월 21일
9. 이사회결의일(결정일)		2007년 11월 14일
- 사외이사 참석여부	참석(명)	–
	불참(명)	–
- 감사(감사위원)참석 여부		참석

무상증자는 보통 이익잉여금이 풍부한 반면 자본금이 작은 기업들이 추진할 가능성이 높다. 무상증자 시 해당 비율만큼 권리락이 발생되어 연

중 기준으로 볼 때 주가가 크게 낮아지는데 이에 따라 가격적인 메리트가 발생하며, 증자된 주식 수만큼 유통량이 늘어나는 것이므로 유동성이 개선된다.

④ 시세의 재료는 무엇인가?

① LED PCB 시장의 진출 : 한층 강화된 제품 경쟁력과 새로운 시장 참여로 수익 다각화 기대

② 무상증자에 따른 가격적인 메리트와 유동성 확보

③ 특허 획득 : 기존 내장형 커패시터 형성 기술의 업그레이드 방식

⑤ 뉴스와 애널리스트 반응은 어떠한가?

① 특허 획득으로 기술력 인정 : 원가를 최대 50% 절감할 수 있는 FPCB 부품 실장 기술을 개발, 특허를 취득하면서 이번 기술 개발을 통해 차세대 기술로 주목받고 있는 '임베디드 PCB' 분야에서 유리한 고지를 점할 수 있을 것으로 기대

② 경쟁력 향상 : 기존의 COF$^{Chip\ ON\ Film}$ 생산라인을 구축한 세미전자 인수를 통해 고품질의 제품을 생산하게 됨으로써 가격과 제품 경쟁력 동시 확보

③ 매출 확대 기대 : LED PCB 시장에 참여하여 개발에 착수한 PCB가 2009년 노트북과 TV 등에 채용이 확대될 것으로 예상

⑥ 끼가 있는 종목인가?

차트 3-47 ┃ 대시세 전력

2007년 5월경 4,500원대에 있던 주가가 턴어라운드가 예상된다는 증권사 보고서의 힘만으로 60% 넘게 급등하면서 7,000원까지 매우 탄력적인 움직임을 보였다.

⑦ 주인이 있는가?

차트 3-48 　매집의 흔적

　　2008년 11월 초부터 연중 최저점인 495원까지 급락세를 보였으나 대량의 거래량이 연속해서 수반되면서 바닥을 형성한다. 이후 평균 2개월 간격으로 거래량이 터지는 폴대형이 등장하였다. 특히 일정 수량의 매집이 된 다음에는 1개월 간격으로 징검다리형 거래량 유형이 출현하는데 급등에 필요한 물량을 마지막까지 매집하는 모습이 보인다.

⑧ 기술적 조건은 어떠한가?

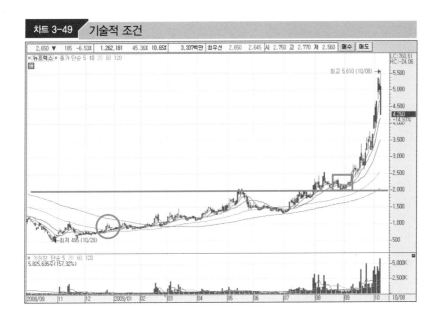

연중 최저점부터 2,000원대까지 20일선에 지지를 받으며 점차적으로 상승하고 있다. 5월 중순에 장대음봉이 연달아 출현하며 60일선까지 밀리다가 7월 초에는 120일선까지 밀렸다. 하지만 120일선을 하회하지 않고 제반 이동평균선을 골든크로스하며 다시 상향으로 돌아섰다. 이후 전고점 영역에서 매수 매도 간 치열한 힘겨루기가 있은 다음에는 결국 매수세 우위로 상승을 이어가 100% 이상의 시세를 주었다.

급등 직전 뉴프렉스는 연중 최저점까지 크게 하락한 종목으로서 매수 급소는 투자성향에 따라서 2가지로 잡을 수 있다.

첫 번째 안정성을 중시하는 투자자라면 495원을 기록한 이후 대량의 거래량을 수반하며 W형 패턴을 완성하고 이후 저점을 높여가는 구간에서 20일선을 기준으로 분할매수한다. 60일선을 최종 손절선으로 책정하고 20일선에서 조정을 받을 때마다 모아가면 안정적인 매매를 할 수 있다.

두 번째 매수 급소는 이동평균선과 거래량, 급등 캔들을 활용하여 포착한다. 고점을 찍고 상승 과정 중의 전고점 수준에서 지지와 저항을 시험받고 있는 6월 횡보 기간에는 쉽사리 매수 타이밍을 잡을 수 없다. 60일선을 기준선으로 하여 6월 8일에 진입했다면 조만간 위에서 내려오는 20일선의 저항에 부딪힐 것을 감안해야 한다. 또한 거래량도 미미하여 힘이 실리지 않았다. 이후 20일선의 무게에 눌려 120일선까지 하락했을 때는 추가하락의 가능성도 짙은 시점이었다. 하지만 하락 구간의 거래량이 감소했다는 점을 봐야 한다. 이 시점까지 인내하였다면 7월 3일부터 7일의 양봉 중 하나에서 진입할 수 있었을 것이다.

뉴프렉스는 LED PCB 시장 진출에 대한 기대감과 초경량 스마트폰 FPCB 특허 소식이 재료로 작용하면서 1,000원대에 머물렀던 주가가 불과 7개월 만에 560%에 달하는 강력한 급등세를 보였다.

주식투자를 하면서 주가가 갑자기 치솟는 종목들을 볼 때마다 항상 왜 그러는지 궁금했습니다. 미리 징후를 알 수 있는 방법이 없을까 생각한 적이 많았어요. 나름대로 연구해봤지만 패턴을 정리할 수가 없었습니다. 그런데 이 책의 원고를 읽고 한 번에 모든 게 해결되었습니다. 대시세가 어떻게 이뤄지는지를 완벽하게 분석해놓은 책입니다.

— 상큼한

사람은 누구나 대박을 꿈꿉니다. 그 수단으로 로또를 선택한 사람도 있고 주식을 선택한 사람도 있고, 또 다른 무엇을 선택한 사람도 있을 것입니다.

하지만 그중 주식은 단순히 운에 기대고 있어서는 절대 대박을 터트려주지 않는다는 것을, 조금이라도 매매를 해본 사람이라면 모두 알고 있으리라 생각합니다. 끊임없이 공부하고 경제와 사회 모든 분야에 귀를 열고 관심을 가져야 한다는 것이죠. 바로 저자님들이 늘 강조하는 것처럼 말입니다.

『증권사관학교 X파일』을 통해 매매의 기본과 전반적인 주식시장의 흐름을 이해했고, 『대시세 종목의 비밀』로는 수익률을 높이는 매매기법을 확실히 정립시키는 데 도움을 받았습니다. 주식투자는 매매를 통해 수익을 내야 승리했다고 말할 수 있는 것이라는 저자님들의 이야기에 전적으로 공감하며, 그 승리를 위한 키포인트가 이 책에 수록되어 있다고 확신합니다.

— 늘감사

에필로그

"주식, 배워야지 모르면 당합니다"

주식 전문 카페로는 국내 최대 규모인 증권정보채널을 방문하면 제일 먼저 눈에 띄는 것이 "주식, 배워야지 모르면 당합니다"라는 도발적인 문구다. 수도 없이 많은 전문가들이 명멸하는 이 주식시장에서 자신만의 기법으로 승리하여 불가침의 영역을 구축해온 필자들, 더구나 공중파와 일간지들에 '재야 고수', '고수 가르치는 고수'로 불려온 주인장의 카페에서 방문객에게 던지는 첫마디로는 상당히 의외라는 이들이 많다.

책의 마무리를 하면서 이 문구를 새삼 상기시키는 의미를 이해하지 못하는 독자는 없으리라 생각한다. 주식시장에서 살아남기 위해 치열한 전투를 벌여왔던 지난 십 년 세월의 정수를 이 책에 담았지만 수박 겉핥기식으로 읽고서 덮어버린다면 절대 자신의 것으로 만들 수 없다는 것을 강조하기 위해서다.

33만 명이 넘는 회원들과 함께 카페 활동을 하다 보면 그야말로 33만 가지 시각을 접하게 된다. 주식투자를 통해 돈을 벌고자 하는 출발점은 같지만 거기에서 한 걸음만 나아가도 모두 달라진다. 그런데 특징적인 사실 하나는 끊임없이 묻고 배우는 회원들의 수익률이 상향곡선을 그린다는 것이다. 이 책에 집약된 '대시세의 비밀' 역시 끊임없이 파고드는 투자자들에 의해 더 심화되고 수익에 직결될 수 있다.

시장은 살아 있는 생명체와 같아서 언제나 움직이고 변화해간다. 그 변화를 따라가기 위해서는 시장의 속도보다 빨리 움직일 수 있도록 계속 연구하고 배워야 한다. 이 책을 항상 옆에 두고 시장의 반응을 체크하면서 자신의 기법으로 만들 것을 독자 여러분께 당부 드린다.

이종형, 장진영

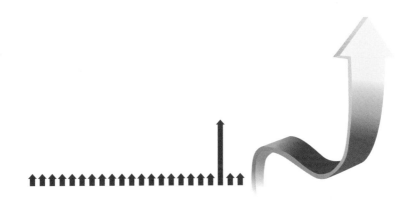